Kochen mit der Maus

mit
Texten und Rezepten von
Sophie von Lenthe

Kochen ist nicht schwer!

Man muss sich nur trauen. Mit Mut, Fantasie und ein bisschen Übung kann jeder lernen, mit Topf und Pfanne umzugehen. Dieses Kochbuch kann natürlich nicht alle Fragen beantworten. Aber es zeigt, wie man mit einfachen Mitteln kleine und große Köstlichkeiten zaubern kann. Tipp für Anfänger: Bevor man in der Küche loslegt, erst einmal sicherstellen, dass ein Erwachsener in der Nähe ist, der bei Bedarf helfen kann. Nur für alle Fälle …

Inhalt

Tipps für Einsteiger
S. 6

Eier
S. 8

Kartoffeln
S. 20

Nudeln
S. 38

Gemüse
S. 58

Pizza, Hamburger & Sandwiches
S. 74

Süßes
S. 92

Register
S. 108

— Tipps für Einsteiger —

Bevor es losgeht

Armins Tipp

Lasst euch beim ersten Mal zeigen, wie man mit den verschiedenen Geräten in der Küche umgeht. Handrührgerät und Pürierstab, Zwiebelhacker und Kartoffelschäler sind zwar kinderleicht zu handhaben, aber nur wenn man weiß, wie's geht. Also: erst mal einen Küchenprofi fragen!

Rezept sorgfältig durchlesen
Erspart einem viel Ärger, wenn man vorher klärt, ob man auch jeden Schritt verstanden hat.

Schürze umbinden
Sehr sinnvoll, um das Lieblings-T-Shirt vor Fettspritzern zu schützen.

Lange Haare zurückbinden
Sie fangen leicht Feuer (Vorsicht bei Gasherden!) und wickeln sich außerdem blitzschnell um ein laufendes Handrührgerät!

Zutaten abmessen und Geräte bereitstellen
Erleichtert das Kochen, wenn man alles griffbereit hat und weiß, dass das, was man braucht, auch da ist.

Topflappen bereitlegen
Erspart einem langes Suchen, wenn man sie braucht (und verhindert so Verbrennungen).

Keine Angst vor Messern
Scharfe Messer sind weniger gefährlich als stumpfe, weil man nicht so leicht abrutscht. Trotzdem aufpassen!

Topf- und Pfannenstiele nach hinten drehen
Stieltöpfe und Pfannen auf dem Herd so drehen, daß die Stiele nach hinten zeigen. Dann reißt man sie nicht im Vorbeigehen herunter.

Benutzte Töpfe sofort mit Wasser einweichen
Erspart einem stundenlanges Töpfe-Schrubben nach dem Essen.

Zwischendurch aufräumen
Damit man nach dem Essen nicht ein Riesen-Chaos beseitigen muss: Zwischendurch immer wieder Abfälle wegschmeißen, Arbeitsplatte abwischen, Geräte wegräumen usw.

Eine **Küchenreibe** braucht man, um Käse fein zu reiben oder Gemüse zu raspeln oder zu hobeln.

Mit einem **Kartoffelschäler** (auch: Sparschäler) kann man nicht nur Kartoffeln leicht und dünn schälen.

Mit einem **Zwiebelhacker** kann man super Zwiebeln (ohne Tränen!) und anderes Gemüse fein hacken.

Ein **Pürierstab** ist beinahe unentbehrlich – nicht nur für Süßspeisen, sondern auch für Suppen und Dips.

Ein **Messbecher** ist sehr praktisch, um Zucker, Mehl, Wasser, Milch oder vieles andere abzumessen.

Ohne **Küchenwaage** geht es nicht: Bei vielen Gerichten muss man die Zutaten genau abmessen.

Tipps für Einsteiger

Drei Dinge, die man wissen sollte

So erhitzt man Fett richtig

1. Nur wenige Fette vertragen sehr hohe Temperaturen. Deshalb Öl oder Butter am besten immer bei **mittlerer Temperatur** erhitzen. Bei hohen Temperaturen verbrennen sie schnell.

2. Butter (oder Margarine): Sie schmilzt zuerst, dann macht sie kleine Bläschen – sie schäumt. Erst wenn die Bläschen wieder verschwunden sind, ist die Butter heiß genug.

3. Öl und Butterschmalz: Die Pfanne schräg halten, so dass das heiße Fett an einem Fleck zusammenläuft. Ein Holzstäbchen oder den Stiel eines hölzernen Kochlöffels hineinhalten. Erst wenn kleine Bläschen daran aufsteigen, ist das Fett heiß genug.

Außerdem: In den allermeisten Fällen ist es gar kein Problem, wenn das Fett nicht heiß genug ist. Dann dauern die Pfannkuchen zwar ein bisschen länger, sie schmecken aber genauso gut.

So salzt man richtig

1. Vorsichtig mit dem Salzstreuer salzen und immer wieder abschmecken. So versalzt man garantiert nichts.

2. Oder „prisenweise" salzen: Eine Prise Salz ist das, was zwischen Daumen und Zeigefinger passt. Und das ist nie zu viel.

Außerdem: Nachsalzen kann man immer. Deshalb keine Panik, wenn man mal zu wenig gesalzen hat!

So misst man richtig ab

Zum Messen und Wiegen nimmt man eine Küchenwaage, einen Messbecher (siehe links) oder oft einfach einen Löffel.

In den Rezepten wurde abgekürzt:
g = Gramm
l = Liter
ml = Milliliter
TL = Teelöffel
EL = Esslöffel
gestrichener EL = EL, den man mit einem Finger glatt gestrichen hat

Außerdem: Vieles braucht man gar nicht abzuwiegen. 1 Becher Sahne enthält zum Beispiel in der Regel 200 g (oder ml) Sahne, 1 Päckchen Butter 250 g Butter usw. Also: Bevor man anfängt zu wiegen, erst mal auf die Packung schauen!

Übrigens …

Sonnenblumenöl eignet sich prima zum Braten und Kochen bei mittleren Temperaturen. Es ist geschmacksneutral, schmeckt also eigentlich nach nichts und verändert deshalb den Geschmack des Essens auch nicht.

Olivenöl hat einen starken Eigengeschmack und ist deshalb nur für manche Gerichte geeignet, zum Beispiel für Sauce Bolognese.

Butterschmalz verbrennt erst bei sehr hohen Temperaturen, deshalb ist es ideal für alles, was in sehr heißem Fett gebraten wird, zum Beispiel Kartoffelpuffer.

Das Ei des Kolumbus

Als der Seefahrer Christoph Kolumbus im Jahre 1493 von seiner ersten weiten Reise zurückkam, glaubte er einen neuen Seeweg nach Indien gefunden zu haben.

In Wirklichkeit hatte er Amerika entdeckt – aber das wusste zu diesem Zeitpunkt noch niemand. Fest stand nur: Noch nie war jemand von einer so weiten Reise über den Atlantik zurückgekommen.

Alle seine Landsleute, der König und die Königin waren jedenfalls ziemlich stolz auf Kolumbus, und zum Dank wurde ihm zu Ehren ein Festessen gegeben.

Neben Kolumbus saß ein Kirchenfürst, der neidisch auf den Ruhm von Kolumbus war. Er sagte so laut, dass es jeder hören konnte: „Na ja, Kapitän. So schwierig kann die Reise wohl nicht gewesen sein. Das hätte auch jeder andere schaffen können!"

„So?" sagte Kolumbus nur und bestellte zum Erstaunen der Gäste bei einem Diener ein hart gekochtes Ei. Dann nahm er das Ei, hielt es hoch und fragte: „Kann irgend jemand dieses Ei auf die Spitze stellen?" Alle schüttelten ratlos die Köpfe.

Da nahm Kolumbus das Ei, ditschte es mit der Spitze kurz auf den Tisch – und das Ei stand! Kolumbus blickte in die Runde und sagte:

„Wenn man weiß, wie's geht, ist alles einfach, oder?"

Wahr oder erfunden? Das weiß niemand. Aber wie dem auch sei: Wenn heute jemand für ein schwieriges Problem eine überraschend einfache Lösung gefunden hat, sagt man:

„Das ist das Ei des Kolumbus!"

Wo die Eier herkommen

Ei ist nicht gleich Ei!

Und so macht man „ausgeblasene Eier":

1. Mit einer Nadel oben und unten ein Loch ins Ei piken. Je größer die Löcher, desto leichter ist das Ausblasen.

2. Das Ei vorsichtig mit den Lippen umschließen und über einem Gefäß kräftig blasen. Das Ei trocknen lassen und bemalen.

3. Einen Faden zu einer Schlinge knoten und an einem Stückchen Streichholz (etwa 1 cm lang) befestigen. Das Streichholz vorsichtig in eine Öffnung stecken und es quer zur Öffnung drehen. Jetzt kannst du das Ei mit dem anderen Ende des Fadens an einen Osterstrauß hängen.

Ein Ei ist ein Ei – sollte man meinen. Irrtum. Zwischen einem Ei und einem Ei können Welten liegen. Es gibt Eier der Klasse A, der Klasse B und der Klasse C, es gibt große Eier, kleine Eier, Eier mit einer dünnen Schale und Eier mit einer dicken Schale, es gibt braune Eier und weiße Eier. Es gibt Eier aus Käfighaltung, Eier aus Bodenhaltung, Eier von freilaufenden – „glücklichen" – Hühnern und, und, und ...

Aber keine Sorge: Es ist nicht schwierig, sich für das richtige Ei zu entscheiden, denn Tatsache ist: Eier von „freilaufenden" Hühnern sind die besten, egal ob sie groß oder klein, braun oder weiß sind.

● Im Gegensatz zu ihren armen Kollegen, die in Käfigen oder in großen Hallen ziemlich eng zusammengepfercht leben, dürfen sich freilaufende Hühner ihr Futter selbst suchen oder sie bekommen ein Futter, das Hühner gern mögen. Deshalb heißen sie auch „glückliche" Hühner. Und da ein Ei immer so gut ist, wie das Futter, das das Huhn frisst, sind Eier von freilaufenden Hühnern natürlich die besten.

● Glückliche Hühner werden nicht so schnell krank wie ihre Kollegen aus Käfig- oder Bodenhaltung, die nie das Tageslicht sehen und zu wenig Platz haben. Deshalb brauchen glückliche Hühner auch viel weniger Medikamente. Und daher finden sich auch in ihren Eiern weniger Rückstände von Medikamenten. Gut für uns, weil wir ja alles mitessen, was im Ei ist.

Also: Immer möglichst frische Eier von freilaufenden Hühnern kaufen! Auf die Packung gucken: Nur wenn draufsteht „Von Hühnern aus Freilandhaltung", dann sind auch wirklich Eier von glücklichen Hühnern drin!

So kocht man Eier

1. Schritt:
Einen kleinen Topf mit Wasser füllen (so viel Wasser nehmen, dass das Ei gut bedeckt ist). Einen Esslöffel Essig hinzufügen: Wenn das Ei platzt, verschließt der Essig den Riss im Ei und verhindert, dass noch mehr Eiweiß austritt. Das Wasser auf höchster Stufe zum Kochen bringen.

2. Schritt:
Das Ei an seiner runden Seite mit einer Nadel oder einem Eierpiker einstechen. Durch das Loch kann die Luft, die vorher unter der Eierschale war, entweichen und das Ei platzt nicht so leicht.

3. Schritt:
Das Ei mit einem Esslöffel oder einer Schaumkelle vorsichtig in das kochende Wasser legen. Auf mittlere Stufe herunterschalten, das Wasser soll noch sprudelnd kochen.

4. Schritt:
Die Eieruhr stellen:
- Nach 5 Minuten ist das Ei wachsweich: Das Eiweiß ist fest, das Eigelb ist cremig. Das ideale Frühstücksei.
- Nach 8 Minuten ist das Ei hart: Eigelb und Eiweiß sind fest. Das ideale Picknick- oder Osterei.

5. Schritt:
Das gekochte Ei kurz unter fließendes kaltes Wasser halten. Das nennt man „abschrecken". Dann klebt das Ei nicht an der Schale und man kann es besser pellen oder – als weiches Ei – aus der Schale essen.

Aus weichen Eiern kann man Eier im Glas machen:
- Gekochte Eier köpfen, mit einem Teelöffel aus der Schale lösen und in ein Glas geben. Ein kleines Stück Butter, Salz und/oder Kräuter hinzufügen (siehe Foto).

Und das kann man mit hart gekochten Eiern alles machen:
- Ei in Scheiben schneiden (geht sehr gut mit einem Eierschneider, siehe Foto), ein Butterbrot damit belegen, vorsichtig salzen.
- Gepelltes Ei längs in zwei Hälften teilen. Das Eigelb vorsichtig auslösen. In die Eiweißmulde einen viertel Teelöffel Olivenöl, ein paar Tropfen Essig (am besten ebenfalls mit einem Teelöffel dosieren), Salz und Pfeffer geben. Das Eigelb wieder einsetzen.
- Oder: Ausgelöstes Eigelb mit Mayonnaise, etwas Salz, Kräutern (Schnittlauch passt sehr gut!) und Gewürzen verrühren und wieder in die Eiweißhälften geben (siehe Foto).
- Ei in Würfel schneiden (siehe Foto) und über einen Salat geben.

Eier platzen leicht ...
wenn man sie direkt aus dem Kühlschrank ins kochende Wasser legt. Das kann man so verhindern:

Ei anpiksen, zuerst fünf Minuten in lauwarmes, dann erst in kochendes Wasser legen.

Oder: Ei anpiksen, in einen Topf mit kaltem Wasser legen, Topf auf die Herdplatte stellen, höchste Stufe einschalten und warten, bis das Wasser kocht. Jetzt dauert es nur noch etwa drei Minuten, bis das Ei wachsweich ist.

Eier aus der Pfanne

Rührei

Rührei – so wird's gemacht:

1. Die Eier nacheinander aufschlagen und in eine Schüssel geben.

2. Die Eier in der Schüssel mit einem Schneebesen verschlagen, mit Salz und Pfeffer würzen.

3. Einen Esslöffel Butter oder Margarine in eine Pfanne geben und heiß werden lassen.

4. Die Eiermasse in die Pfanne geben und ein wenig fest werden lassen.

Für 1 Portion braucht man:

2 Eier

3 EL Milch oder Mineralwasser

Salz, wer mag: Pfeffer

Butter zum Braten

1. Eier aufschlagen und in eine Schüssel geben. Milch oder Wasser dazugeben.

2. Mit einem Schneebesen gut verschlagen und mit Salz und Pfeffer würzen.

3. Butter oder Margarine in einer Pfanne auf mittlerer Stufe zerlassen.

4. Die Eiermasse hineingeben und kurz stocken, also ein bisschen fest werden lassen.

5. Mit einem Pfannenwender oder einer Gabel immer wieder langsam über den Pfannenboden und -rand schaben, damit das Ei nicht ansetzen kann.

6. Das Rührei ist fertig, wenn es oben noch ein bisschen feucht ist. Es sollte locker, weich und großflockig sein. Vorsicht: Das geht ziemlich schnell! Das fertige Rührei auf einen Teller geben. Dazu passt gut ein Butterbrot!

Und das kann man mit Rührei alles machen:

● Man kann Schnittlauch darüber streuen (siehe Foto).

● Man kann kross gebratenen Speck dazu essen.

● Man kann sich ein Rührei mit Tomate machen: Tomate klein schneiden, salzen, in etwas Fett kurz in der Pfanne anbraten, dann erst die Eiermasse darüber geben und rühren, rühren, rühren …

● Man kann sich aus Eiern, Kartoffeln, Zwiebelringen und Schinkenwürfeln ein Bauernfrühstück machen (siehe Seite 27).

● Man kann Champignonscheiben in Butter anbraten, salzen, dann die Eiermasse darüber geben und zum Schluss Petersilie über das Rührei streuen.

Eier aus der Pfanne

Spiegelei

Für 1 Portion braucht man:

Butter zum Braten

1–2 Eier

Salz, wer mag: Pfeffer

1. Ein Stück Butter auf mittlerer Stufe in einer kleinen Pfanne schmelzen lassen.

2. Das Ei über einer Tasse vorsichtig aufschlagen.

3. Das Ei aus der Tasse in die Pfanne gleiten lassen. Mit dem zweiten Ei ebenso verfahren. Salzen. Nun kann man zuschauen, wie das Eiweiß langsam weiß und fest wird.

4. Das Spiegelei ist fertig, wenn kein Glibber mehr auf dem Eiweiß ist. Das Eiweiß muss also fest, das Eigelb dagegen noch flüssig sein. Der Rand des Spiegeleis darf schon ein klein wenig knusprig werden.

5. Das Ei vorsichtig mit einem Pfannenwender vom Pfannenboden lösen und auf einen Teller gleiten lassen.

Und das kann man mit Spiegeleiern alles machen:

● Wem das Spiegelei zu weich ist, der kann es mit einem Pfannenwender umdrehen und von der anderen Seite auch noch braten, bis die Ränder braun und knusprig sind.

● Man kann sich einen „Strammen Max" machen: Eine Scheibe Brot mit Butter bestreichen, mit gekochtem Schinken (1 bis 2 Scheiben oder eine dickere, in kleine Würfel geschnittene Scheibe) belegen und das Spiegelei obendrauf gleiten lassen.

● Man kann es mit verschiedenen Kräutern würzen, z. B. mit Oregano oder Majoran. Manche lieben Spiegeleier mit Ketchup.

● Für „ham and eggs" kann man Schinken oder Speck in der Pfanne anbraten, das aufgeschlagene Ei darüber geben und fest werden lassen.

Übrigens …

In amerikanischen Cafés kann man sein Frühstücks-Spiegelei entweder „the sunny side up" (mit der Sonnenseite nach oben, also nur auf der Unterseite gebraten) oder „the sunny side down" (mit der Sonnenseite nach unten, also umgedreht und von beiden Seiten knusprig gebraten) bestellen!

Pfannkuchen ...

Pfannkuchen – so wird's gemacht:

1. Ei, Salz, Milch und Mehl in einer Schüssel zu einem glatten Teig verrühren.

2. Das Fett in die Pfanne geben und heiß werden lassen. Die Hälfte des Pfannkuchenteigs in die Pfanne gießen.

3. Sobald der Pfannkuchen fest und die Unterseite goldbraun ist, den Pfannkuchen mit einem Pfannenwender umdrehen und auf der anderen Seite ebenfalls goldbraun backen.

Für 2 Stück braucht man:

1 Ei

1 Prise Salz

140 ml Milch (oder Wasser)

80 g Mehl

Butter oder Butterschmalz

1. Das Ei über einer Rührschüssel aufschlagen, Salz und Milch dazugeben und mit einer Gabel verquirlen.

2. Esslöffelweise das Mehl dazugeben, dabei mit einem Schneebesen kräftig rühren, damit keine Klumpen entstehen.

3. Den Teig mit einem Schneebesen oder den Quirlen des Handrührgeräts zu einer glatten Masse verrühren.

4. Eine Pfanne – am besten eine beschichtete, darin bleibt der Pfannkuchen nicht so leicht kleben – auf die Herdplatte stellen und auf mittlerer Stufe heiß werden lassen.

5. Ein Stück Butter oder Butterschmalz (so groß wie ein Fünfzigpfennigstück) hineingeben und schmelzen lassen.

6. Wenn das Fett heiß genug ist (siehe Seite 7), mit einer Suppenkelle die Hälfte vom Teig in die Pfanne geben. Die Pfanne sofort am Stiel fassen und herumschwenken (Vorsicht, der Teig wird schnell fest!), so dass sich der Teig über den ganzen Pfannenboden verteilt.

7. Jetzt kann man zuschauen, wie der Pfannkuchen oben so etwas wie eine Haut bekommt. Wenn er oben trocken ist – das geht ziemlich schnell –, ein wenig an der Pfanne rütteln. Dann löst sich der Pfannkuchen vom Pfannenboden. Die Unterseite soll jetzt goldbraun sein.

8. Jetzt den Pfannkuchen mit Hilfe eines Pfannenwenders umdrehen, so dass er auch auf der anderen Seite goldbraun werden kann. Das geht am besten mit Mut und Schwung!

9. Den fertigen Pfannkuchen auf einen Teller gleiten lassen. Entweder sofort essen oder im Backofen bei etwa 80 Grad (Gas Stufe 1) warm halten und den zweiten Pfannkuchen backen.

10. Die Pfannkuchen beliebig füllen und aufrollen, zusammenklappen oder zu einem Dreieck falten (siehe Foto).

Pfannkuchen & Co.

... und was man damit machen kann

Es gibt unzählige Pfannkuchenrezepte und jeder schwört, dass seins das beste ist. Eines ist jedenfalls sicher: Sie gelingen immer besser, je öfter man sie macht. Jeder Pfannkuchenbäcker entwickelt mit der Zeit seine Spezialpfannkuchen, die er besonders lecker findet.

- Man kann für den Teig Milch oder Wasser nehmen.
- Man kann die Pfannkuchen dünner oder dicker machen.
- Man kann weißes oder Vollkornmehl nehmen (oder halb und halb).
- Man kann die Pfannkuchen zart und hell oder knusprig und dunkel backen.
- Man kann mehr Mehl nehmen, dann wird der Teig fester.
- Man kann die Pfannkuchen süß oder salzig essen.

Zu süßen Pfannkuchen

passt zum Beispiel:

- Marmelade, Honig oder Ahornsirup
- Zimtzucker
- Apfelmus oder Apfelkompott
- Obst (wie Kirschen, Äpfel oder Pfirsiche): ein wenig klein schneiden, in die Pfanne geben und den Pfannkuchenteig etwas dicker darüber gießen.

Zu salzigen Pfannkuchen

passt eigentlich alles, was einem einfällt, zum Beispiel:

- Kräuter (kann man schon klein geschnitten in den Teig geben)
- gewürfelte Tomaten (kann man schon in den Teig geben)
- Spinat
- gebratene Champignons mit Zwiebeln und Sahne
- gebratener Speck: Den Speck zuerst in der Pfanne „auslassen", das heißt, so lange braten, bis er glasig wird (siehe Seite 48), dann den Pfannkuchenteig darüber geben.
- geriebener Käse: Den fertigen Pfannkuchen mit Käse bestreuen, zu einem Dreieck falten und noch mal kurz bei 100 Grad (Gas Stufe 1) in den Backofen schieben.

Christophs Trick

So macht man eine Pfannkuchen-Torte: Dazu die einzelnen Pfannkuchen nacheinander sehr dünn mit einer Füllung (z. B. Marmelade) bestreichen und zu einem Turm aufschichten. Den Turm wie eine Torte anschneiden. Übrigens: Pfannkuchenbacken will gelernt sein! Beim Wenden kann der Pfannkuchen leicht kaputtgehen. Da hilft nur eins: den kaputten Pfannkuchen essen (schmeckt genauso gut) und weiterüben ...

Pfannkuchen & Co.

Kaiserschmarrn

Eier trennen – so wird's gemacht:

1. Das Ei am Schüsselrand in der Mitte einschlagen. Mit beiden Daumen die Eihälften über einer Schüssel vorsichtig auseinanderbrechen.

2. Das Eigelb immer wieder von einer Eihälfte in die andere kippen. Das Eiweiß dabei in die Schüssel laufen lassen, bis das ganze Eiweiß in der Schüssel ist und sich nur noch das Eigelb in der Schale befindet.

3. Die „Hagelschnüre" vorsichtig entfernen.
Wichtig: Im Eiweiß darf kein Eigelb sein (umgekehrt ist es egal). Denn dann kann man's nicht mehr steif schlagen!

Für 2 Portionen braucht man:

200 ml Milch
120 g Mehl
1 TL Zucker
3 EL Rosinen
3 Eier
2 EL Butterschmalz

1. Milch, Mehl, Zucker und Rosinen in eine Rührschüssel geben.

2. Die Eier trennen (siehe links).

3. Eigelbe ebenfalls in die Rührschüssel geben und alles mit einem Schneebesen oder mit den Quirlen des Handrührgeräts zu einem glatten Teig verrühren.

4. Die Eiweiße in eine große Rührschüssel geben und mit den Quirlen des Handrührgeräts steif schlagen (siehe Seite 18). Der Eischnee ist fertig, wenn man den Behälter auf den Kopf stellen kann, ohne dass etwas herausfließt.

5. Den Eischnee auf den Teig geben und vorsichtig mit dem Schneebesen unterheben.

6. 1 Esslöffel Butterschmalz auf mittlerer Stufe in einer Pfanne erhitzen.

7. Wenn das Fett heiß genug ist (siehe Seite 7), den Teig hineingeben und 2 bis 3 Minuten braten, bis die Unterseite goldbraun ist. Vorsicht: Wenn man den Kaiserschmarrn länger brät, brennt er an.

8. Den Kaiserschmarrn mit einem Pfannenwender umdrehen und von der anderen Seite goldbraun braten.

9. Den Kaiserschmarrn mit zwei Gabeln in gut essbare Stücke reißen.

10. Den zweiten Esslöffel Butterschmalz zufügen und noch einmal ein paar Minuten lang braten. Ab und zu umrühren!

11. Den Kaiserschmarrn auf einen Teller geben und mit Puderzucker bestreuen.

● Dazu passt Apfelmus (siehe Foto), Preiselbeerkompott oder Pflaumenmus.

Pfannkuchen & Co.

Arme Ritter

Für 4 Portionen braucht man:

2 Eier

¼ l Milch

1 Prise Salz

Öl oder Butterschmalz zum Backen

12 kleine Scheiben Weißbrot (Baguette, Toastbrot oder halbe Brötchen – was gerade da ist!)

Zucker und Zimt

1. Die Eier über einer Rührschüssel aufschlagen und zusammen mit der Milch und dem Salz mit einem Schneebesen verquirlen.

2. 1 knappen Esslöffel Öl oder ein Stück Butterschmalz (so groß wie ein Fünfzigpfennigstück) auf mittlerer Stufe in einer Pfanne erhitzen.

3. Die Brotscheiben eine nach der anderen (am besten mit zwei Fingern!) in die Milch-Eier-Mischung tauchen und sofort in die Pfanne geben.

4. Wenn die „Armen Ritter" auf einer Seite goldbraun sind, mit einem Pfannenwender umdrehen und auch von der anderen Seite goldbraun backen.

5. Mit Zucker und Zimt bestreuen.

● Man kann auch Apfelmus, Kompott, Himbeersirup oder Preiselbeeren (siehe Foto) dazu essen.

Christophs Trick

Wenn man sehr weiches Brot nimmt, legt man die Brotscheiben am besten auf eine Schaumkelle – das ist der flache, runde Löffel mit den Löchern drin – und taucht sie damit in die Milch-Eier-Mischung. Dann gehen sie nicht so leicht kaputt!

Schnee-Eier mit echter Vanillesoße

Eischnee – so wird's gemacht:

1. Jedes Ei einzeln über einer Rührschüssel aufschlagen und sorgfältig trennen, damit kein Eigelb ins Eiweiß kommt.

2. Die Eiweiße mit dem Schneebesen oder dem Handrührgerät schaumig schlagen.

3. Den Zucker ganz langsam hineinrieseln lassen und weiterschlagen, bis sich der Zucker aufgelöst hat und die Masse ganz fest ist.

Für 4 Portionen braucht man:

Für die Soße:

3 Eigelb

75 g Zucker

½ l Milch

2 Tropfen Vanille-Backaroma

Für die Schnee-Eier:

3 Eiweiß

50 g Zucker

1 TL Zitronensaft

1. Die Eier trennen (siehe Seite 16) und in zwei verschiedene Rührschüsseln geben. Eigelbe und Zucker mit einem Schneebesen verrühren.

2. Die Milch und das Vanillearoma in einem Topf auf mittlerer Stufe zum Kochen bringen. Den Topf von der Kochstelle ziehen und die Eigelb-Zucker-Masse mit dem Schneebesen in die Milch einrühren.

3. Den Topf wieder auf den Herd stellen und die Soße auf kleiner Stufe so lange köcheln lassen, bis sie dick wird. Dabei ständig rühren.

4. Die Soße abkühlen lassen, hin und wieder umrühren, damit sie keine Haut bekommt.

5. Die Eiweiße mit den Quirlen des Handrührgeräts oder dem Schneebesen steif schlagen (siehe links). Nach und nach den Zucker einrieseln lassen und den Zitronensaft zugeben.

6. In einem weiten Topf 1 Liter Wasser auf höchster Stufe zum Kochen bringen. Die Temperatur herunterschalten, so dass das Wasser nur noch ganz wenig kocht.

7. Mit einem nassen Esslöffel ein wenig von der Eischneemasse abnehmen und diese mit einem zweiten nassen Esslöffel vorsichtig in das siedende Wasser schieben.

8. Die Klößchen nach etwa 1 Minute vorsichtig mit einem Kochlöffel wenden und auch die zweite Seite in knapp 1 Minute gar ziehen lassen.

9. Die Vanillesoße auf vier tiefe Teller verteilen. Die Schnee-Eier mit einem Schaumlöffel aus dem Wasser heben und auf die Vanillesoße setzen.

Süßes Schaum-Omelett

Für 1 Portion braucht man:
1 Ei
1–2 TL Zucker
Butter zum Backen

1. Das Ei über einem Suppenteller trennen (siehe Seite 16). Das Eigelb in eine Tasse geben.

2. Den Zucker zu dem Eigelb geben und beides in der Tasse so lange rühren, bis sich der Zucker vollständig aufgelöst hat.

3. Das Eiweiß in dem Suppenteller mit einer Gabel sehr schaumig schlagen.

4. Das Eigelb zu dem Eiweiß geben und beides sehr vorsichtig miteinander vermischen.

5. Ein nicht zu kleines Stück Butter in einer Pfanne auf mittlerer Stufe schmelzen lassen.

6. Die Eiermasse hineingeben.

7. Wenn das Omelett auf der Unterseite goldbraun ist (das geht ziemlich schnell!), auf einen Teller gleiten lassen und die eine Hälfte auf die andere klappen. Sofort essen!

● Wer will, kann das Omelett auch füllen, zum Beispiel mit Kirschkompott (siehe Foto). Erst das Kompott auf die eine Hälfte des Omeletts geben, dann die andere Hälfte darüber klappen.

Vor ungefähr 250 Jahren, ja, es ist noch gar nicht so lange her, da bestand Deutschland noch aus vielen einzelnen kleinen und großen Ländern. Jedes Land wurde von einem anderen Herrscher regiert. Einer der mächtigsten war König Friedrich der Große, genannt der „Alte Fritz", und er herrschte über das Königreich Preußen.

Hungrige Preußen

Um das Jahr 1760 herum ging es hoch her in Preußen. Das Königreich befand sich im „Siebenjährigen Krieg", die Kämpfe tobten und es war kein Ende abzusehen. Da hatte Friedrich der Große ein ziemlich großes Problem: Seine Untertanen hatten nicht mehr genug zu essen. Der Krieg hatte die Felder dermaßen verwüstet, dass es kaum mehr etwas zu ernten gab. Friedrich der Große hatte keine Ahnung, wie er sein Volk satt bekommen sollte.

Der Kartoffelkönig

Aber eines Tages hatte der König eine Idee. Immer wieder hatte er in letzter Zeit von einem neuen Gemüse gehört, das aus Südamerika nach Deutschland gekommen war. Es wurde „Kartoffel" genannt und war eigentlich berühmt wegen seiner schönen Blüten. Aber der „Alte Fritz" hatte auch gehört, dass die Kartoffel nicht nur sehr gut schmeckte und gesund war, sondern auch einfach anzubauen.

Ein schlauer Plan

Die Frage war: Wie sollte er das seinen Preußen klarmachen? Die hatten nämlich auch schon von der Kartoffel gehört – allerdings, dass sie ein Arme-Leute-Essen sei und man sie allenfalls als Viehfutter verwenden könne. Stur, wie sie waren, lehnten sie es ab, Kartoffeln anzubauen. Da ließ sich der „Alte Fritz" eine List einfallen.

Vor dem Stadttor ließ er ein großes Kartoffelfeld bepflanzen. Als die Preußen neugierig zusammenströmten, befahl der „Alte Fritz" seinen Soldaten, die Menschen davonzujagen. Er ließ das Feld bewachen, so dass die Menschen immer neugieriger wurden.

Kartoffeldiebe

Ein paar Monate später, als die Kartoffeln geerntet werden konnten, schlichen die Preußen nachts auf das Feld, um die scheinbar so kostbaren Kartoffeln zu stehlen. Der „Alte Fritz" aber hatte seinen Soldaten diesmal befohlen, die Kartoffeln ruhig stehlen zu lassen. Und weil die Preußen inzwischen überzeugt waren, dass die Kartoffel ein besonders wertvolles Nahrungsmittel sein müsse, rissen sie sich darum und jeder wollte sie auf seinem Feld anbauen.

Tja. Ob es sich nun ganz genau so zugetragen hat, weiß man nicht so genau. Tatsache ist jedenfalls: Friedrich dem Großen haben wir es zu verdanken, dass Kartoffeln in jeder Form bis heute zu den Lieblingsgerichten der Deutschen gehören.

Kartoffelsorten

Auf die richtige Sorte kommt's an!

Und so kann man mit Kartoffeln drucken:

1. Eine Kartoffel längs halbieren. Auf jede Hälfte mit einem spitzen Messer ein einfaches Muster, zum Beispiel ein Viereck oder einen Buchstaben, ritzen.

2. Mit einem scharfen Messer die Umrisse ausschneiden, so dass ein Stempel entsteht.

3. Ein wenig Tinte oder Deckfarbe in einen Behälter gießen.

4. Mit einem Pinsel die Farbe auf den Kartoffelstempel auftragen. Jetzt kann man alles Mögliche bedrucken. Man kann sich zum Beispiel Briefpapier selbst machen.

Aus Kartoffeln lassen sich unendlich viele Gerichte zaubern. Wichtig ist nur, dass man die richtige Sorte wählt, aber das ist gar nicht so schwer, weil die unterschiedlichen Sorten in der Regel auch unterschiedlich aussehen:

● **Fest kochende Kartoffeln** (1) haben in der Regel eine länglich-ovale Form. Sie heißen „fest kochend", weil sie auch nach dem Kochen noch fest sind. Deshalb eignen sie sich am besten für Bratkartoffeln, Kartoffelsalat oder Aufläufe.

● **Mehlig kochende Kartoffeln** (2) sind meist rund und nach dem Kochen ziemlich weich. Oft platzt ihre Schale beim Kochen auf und mehlige Salzkartoffeln zerfallen manchmal. Sie eignen sich am besten für Kartoffelbrei, für Suppen und Eintöpfe – also für Gerichte, bei denen die Kartoffeln zerfallen sollen.

● **Vorwiegend fest kochende Kartoffeln** (3) sind rund oder oval und ein guter Kompromiss, wenn man sich nicht für eine Sorte entscheiden kann: Sie sind nach dem Kochen nicht ganz so fest wie eine fest kochende Kartoffel, aber auch nicht so weich wie eine mehlig kochende Kartoffel. Sie eignen sich deshalb für alle Gerichte.

Die vier wichtigsten Kartoffelregeln

Regel 1:
So geht der Kartoffel-Gar-Test:

Mit einem spitzen Küchenmesser oder einer Gabel in die Kartoffeln piken. Wenn man leicht hineinstechen und das Messer oder die Gabel ebenso leicht wieder herausziehen kann, sind die Kartoffeln gar. Je dicker die Kartoffeln sind, desto länger dauert es.

Regel 2:
So gießt man Kartoffeln ab:

Den Topf mit den Kartoffeln von der heißen Herdplatte nehmen (Topflappen benutzen!) und vorsichtig zum Spülbecken tragen. Den Deckel schräg auf den Topf legen, so dass ein kleiner Spalt entsteht. Jetzt Topf und Deckel mit Hilfe von Topflappen festhalten und durch den kleinen Spalt das Kochwasser ins Spülbecken gießen. Aber Vorsicht: Am heißen Wasserdampf kann man sich verbrühen! Deshalb am besten zuerst einmal mit einem Topf roher Kartoffeln und kaltem Wasser üben.

Regel 3:
So dämpft man Kartoffeln ab:

Den Topf mit den gekochten Kartoffeln nach dem Abgießen noch einmal kurz (höchstens eine Minute lang) auf die ausgeschaltete, aber noch heiße Herdplatte stellen, damit das restliche Wasser im Topf verdampfen kann und die Kartoffeln schön trocken werden. Wichtig: Den Topf dabei immer wieder schütteln, damit die Kartoffeln nicht anbrennen.

Regel 4:
So hält man Kartoffeln warm:

Ein zweimal gefaltetes Geschirrtuch auf den Topf mit den abgedämpften Kartoffeln legen und fest den Deckel darauf drücken: So kann man Kartoffeln mindestens eine halbe Stunde lang sehr warm halten.

Übrigens ...
Unreife Knollen oder grüne Stellen an den Kartoffeln enthalten eine giftige Substanz, die Solanin heißt. Wenn man sie in größeren Mengen aufnimmt, kann sie Kopf- und Bauchschmerzen machen. Daher immer nur reife Kartoffeln essen und grüne Stellen großzügig herausschneiden.

Kartoffeln aus dem Topf

Pellkartoffeln (mit oder ohne Quark)

Mit oder ohne Schale?

Das ist Geschmackssache. Am besten schmecken Pellkartoffeln aus neuen Kartoffeln, die es etwa von April bis Oktober zu kaufen gibt. Deren Schale ist so zart, dass man sie gut mitessen kann. Außerdem stecken viele wichtige Mineralstoffe in und unter der Schale. Wer die Kartoffeln trotzdem lieber pellen will: Das geht am besten, wenn die Kartoffeln noch heiß sind und man sie kurz „abschreckt", das heißt, einen Moment lang unter kaltes Wasser hält.

Für 2 Portionen braucht man:

6–8 Kartoffeln

(je nach Größe und Appetit)

Butter, Salz

Für den Quark:

250 g Magerquark

4 EL Milch

Salz, Pfeffer, Zitronensaft

3 EL gehackte Kräuter, zum Beispiel Schnittlauch und Petersilie

1. Möglichst gleich große Kartoffeln aussuchen.
2. Die Kartoffeln unter fließendem kalten Wasser mit einer Bürste gründlich abbürsten.
3. Die Kartoffeln in einen großen Topf geben und so viel kaltes Wasser hinzufügen, dass sie gerade bedeckt sind.
4. Die Kartoffeln auf höchster Stufe zum Kochen bringen.
5. Wenn die Kartoffeln kochen, auf mittlere Stufe zurückschalten und die Kartoffeln 20 bis 25 Minuten kochen lassen. Tipp: Eieruhr auf 20 Minuten stellen!
6. Während die Kartoffeln kochen, in einer Schüssel den Quark mit der Milch verrühren. So viel Milch nehmen, bis der Quark schön cremig ist!
7. Den Quark mit Salz, Pfeffer und ein paar Spritzern Zitronensaft abschmecken.
8. Die Kräuter in den Quark rühren.
9. Nach 20 Minuten testen, ob die Kartoffeln gar sind. Wenn ja: Die Kartoffeln abgießen und im offenen Topf ein paar Minuten abdämpfen (siehe Seite 23).

● Wer keinen Quark mag, lässt ihn einfach weg: Man kann die Pellkartoffeln mit oder ohne Schale auch einfach mit Butter und etwas Salz essen. Oder geriebenen Käse draufstreuen. Oder sich etwas anderes aussuchen (siehe Seite 32 und 33).

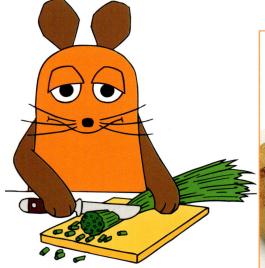

Kartoffeln aus der Pfanne

Bratkartoffeln

Für 2 Portionen braucht man:

4–6 Pellkartoffeln (je nach Größe und Appetit), am besten vom Vortag
1 große Zwiebel
1 EL Butterschmalz oder
3 EL Öl zum Braten
Salz und Pfeffer, wer mag: Kümmel, Majoran oder Thymian

1. Gekochte Kartoffeln pellen (oder übrig gebliebene Salzkartoffeln nehmen).
2. Die Kartoffeln in etwa ½ Zentimeter dicke Scheiben schneiden.
3. Die Zwiebel abziehen und in Ringe oder Würfel schneiden.
4. Das Fett in einer großen Pfanne auf mittlerer Stufe erhitzen.
5. Wenn das Fett heiß genug ist (siehe Seite 7), die Kartoffeln in die Pfanne geben – am besten nur so viele, dass der Boden bedeckt ist, dann bräunen sie gleichmäßiger!
6. Die Kartoffelscheiben 8 bis 10 Minuten lang braten, erst dann wenden.
7. Die Zwiebeln dazugeben und so lange mitbraten, bis sie goldgelb sind.
8. Mit Salz und Pfeffer würzen, nach Geschmack auch mit Kümmel, Majoran oder Thymian.

● Wenn man die Kartoffeln in einer unbeschichteten Pfanne brät, ist es wichtig, dass man genügend Fett nimmt. Zuerst kleben die Kartoffeln nämlich am Pfannenboden fest. Erst wenn sich unten eine Kruste gebildet hat, lösen sie sich – und die Kruste entsteht nur, wenn man genügend Fett genommen hat und wenn das Fett heiß genug gewesen ist!

Bratkartoffeln – so wird's gemacht:

1. Die gekochten Pellkartoffeln gut abkühlen lassen.

2. Die Kartoffeln pellen und auf einem Brett in Scheiben schneiden.

3. Das Fett in einer Pfanne heiß werden lassen und die Kartoffelscheiben in die Pfanne geben.

4. Die Kartoffeln so lange braten, bis sie an der Unterseite knusprig sind, dann mit dem Pfannenwender umdrehen.

Kartoffeln aus der Pfanne

Kartoffelpizza

Armins Tipp

Kein anderer Käse zieht so schöne lange Fäden beim Überbacken wie der Mozzarella. Fast genauso gut schmelzen Emmentaler und Gouda, Butterkäse oder Bergkäse. Zum Überbacken nicht so gut geeignet ist Parmesan: Er schmeckt dann leicht bitter.

Für 2 Portionen braucht man:

Bratkartoffeln (siehe Rezept Seite 25)

4 Tomaten (sie können auch aus der Dose sein)

1 Päckchen Mozzarella

4 Sardellenfilets aus dem Glas (wer's salzig mag)

1. Den Backofen auf 200 Grad (Gas Stufe 3–4) vorheizen.

2. Die Tomaten waschen und den Stielansatz herausschneiden (siehe Seite 61). Die Tomaten in Scheiben schneiden.

3. Den Mozzarella aus der Packung nehmen und in einem kleinen Sieb gut abtropfen lassen. Den Mozzarella in dünne Scheibchen schneiden oder würfeln.

4. Die Bratkartoffeln zubereiten (siehe Seite 25) und in eine feuerfeste Form füllen.

5. Die Tomatenscheiben auf die Bratkartoffeln legen und die klein geschnittenen Sardellenfilets darauf verteilen. Zuletzt den Käse darüber geben. Die Kartoffelpizza noch einmal vorsichtig salzen und pfeffern.

6. Die feuerfeste Form für 5 bis 10 Minuten auf die mittlere Schiene in den vorgeheizten Backofen stellen (mit Topfhandschuhen!) und so lange backen, bis der Käse zerlaufen ist.

● Sehr gut schmeckt es, wenn man die Kartoffelpizza kurz vor dem Essen noch mit frischen Oreganoblättchen (siehe Foto) oder Basilikumblättchen bestreut.

Kartoffeln aus der Pfanne

Bauernfrühstück

Für 1 Portion braucht man:

2 mittelgroße Pellkartoffeln

1 Zwiebel

50 g Schinkenspeck

2 EL Pflanzenöl

Salz, Pfeffer

2 Eier

1. Die Kartoffeln pellen, in Scheiben oder grobe Würfel schneiden.

2. Die Zwiebel in Ringe (siehe rechts), den Schinkenspeck in Streifen schneiden.

3. Das Öl bei mittlerer Temperatur in einer großen Pfanne erhitzen.

4. Die Kartoffeln und die Zwiebeln dazugeben und goldbraun braten. Das dauert etwa 10 Minuten.

5. Dann den Schinken dazugeben und alles mit Salz und Pfeffer (nach Geschmack) würzen.

6. Die Eier aufschlagen und in einer Tasse verquirlen.

7. Die Eier über die Kartoffeln gießen, verrühren und zwei Minuten mit geschlossenem Deckel „stocken" – das heißt fest werden lassen.

Und das kann man mit dem Bauernfrühstück alles machen:

● Man kann die Zwiebeln weglassen.

● Man kann kleine Tomatenwürfel zu den verquirlten Eiern geben.

● Man kann klein geschnittene Gewürzgurken oder in Scheiben geschnittene Champignons zu den gebratenen Kartoffeln geben.

● Man kann die Kartoffeln statt in Öl auch in Speck braten: Dazu durchwachsenen Speck in kleine Würfel schneiden und in der Pfanne „auslassen": Bei mittlerer Temperatur so lange braten, bis der Speck glasig aussieht (siehe Seite 48).

● Man kann zum Schluss Schnittlauch oder andere Kräuter über das Bauernfrühstück streuen.

Zwiebelringe – so wird's gemacht:

1. Die Zwiebel abziehen, den Stiel- und den Wurzelansatz abschneiden.

2. Die Zwiebel vom Stielansatz her in Scheiben schneiden, so dass Ringe entstehen.

Kartoffeln aus der Pfanne

Schweizer Rösti

Schweizer Rösti – so wird's gemacht:

1. Die Kartoffeln pellen und in grobe Streifen raspeln.

2. Das Butterschmalz in der Pfanne heiß werden lassen. Die Kartoffeln in der Pfanne mit einem Löffel glatt streichen. Die Rösti von der Unterseite goldbraun braten.

3. Die Rösti auf einen Teller gleiten lassen. Den Teller mit einem zweiten Teller zudecken und beides umdrehen. Die Rösti vom Teller wieder in die Pfanne gleiten lassen und auf der anderen Seite ebenfalls goldbraun braten.

Für 2 Portionen braucht man:

3–4 große Pellkartoffeln

Salz, Pfeffer

2 EL Butterschmalz

1. Die gekochten Kartoffeln pellen und auf einer Küchenreibe in grobe Streifen raspeln.

2. Mit Salz und Pfeffer würzen.

3. 1 Esslöffel Butterschmalz auf kleiner bis mittlerer Stufe in einer Pfanne erhitzen.

4. Wenn das Fett heiß genug ist (siehe Seite 7), die geraspelten und gewürzten Kartoffeln in die Pfanne geben und gleichmäßig auf dem Pfannenboden verteilen. Wichtig: Die Kartoffeln mit dem Pfannenwender vom Rand in die Mitte gut zu einem festen Pfannkuchen zusammendrücken, damit sie in Form bleiben!

5. Die Rösti 4 bis 5 Minuten auf mittlerer Stufe braten, bis die Unterseite goldbraun ist.

6. Die Rösti aus der Pfanne nehmen (siehe links Punkt 3).

7. Den zweiten Esslöffel Butterschmalz in der Pfanne heiß werden lassen. Die Rösti wenden, wieder in die Pfanne gleiten lassen und von der anderen Seite ebenfalls in 4 bis 5 Minuten goldbraun braten.

● Beim Wenden können die Rösti auseinanderbrechen. Das macht aber nichts: einfach in der Pfanne wieder fest zusammenschieben!

● Man kann die Rösti auch noch mit 50 Gramm geriebenem Emmentaler bestreuen (Deckel auflegen, bis der Käse geschmolzen ist). Dazu schmeckt gut Tomatensalat (siehe Seite 64).

Kartoffeln aus der Pfanne

Kartoffelpuffer

Für 4 Portionen braucht man:

1 kg vorwiegend fest kochende Kartoffeln

1 große Zwiebel

2 Eier

1/2 TL Salz

Öl oder Butterschmalz zum Braten

1 großes Glas Apfelmus

1. Die gewaschenen Kartoffeln schälen und auf einer Küchenreibe fein in eine Schüssel reiben.

2. Die Zwiebeln abziehen und ebenfalls in die Schüssel reiben.

3. Die Eier eins nach dem anderen aufschlagen und in den Kartoffelteig rühren. Mit Salz abschmecken (probieren!).

4. 2 Esslöffel Öl oder ein großes Stück Butterschmalz auf mittlerer Stufe in einer großen Pfanne – am besten einer beschichteten – erhitzen.

5. Wenn das Fett heiß genug ist (siehe Seite 7), pro Kartoffelpuffer einen Esslöffel Teig in die Pfanne geben und zu einem Puffer flach streichen.

6. Auf der Unterseite in 3 Minuten knusprig braun braten. Dann die Kartoffelpuffer mit einem Pfannenwender umdrehen und von der anderen Seite ebenfalls in drei Minuten knusprig braun braten.

● Die Kartoffelpuffer unbedingt sofort essen – frisch und knusprig, direkt aus der Pfanne schmecken sie am besten.

● Zu Kartoffelpuffern (oder Reibekuchen oder Reiberdatschi) schmeckt sehr gut Apfelmus (siehe Foto). Man kann sie aber auch einfach mit Zucker bestreuen oder Rübenkraut oder Preiselbeeren dazu essen.

● Gut schmecken Kartoffelpuffer auch mit Kräuterquark (siehe Seite 24) und einem Salat (siehe Seite 64 bis 67) oder mit Sauerkraut.

> **Keine Angst vor zu viel Fett!**
>
> Für Kartoffelpuffer darf man auf keinen Fall zu wenig Fett nehmen und es muss sehr heiß sein: Denn nur dann bildet sich schnell eine Kruste, die die Kartoffelpuffer erstens knusprig macht und zweitens verhindert, dass zu viel Fett in die Puffer eindringt. Wenn man dagegen zu wenig Fett nimmt oder das Fett nicht heiß genug ist, dann werden die Puffer genau so, wie sie nicht sein sollen: weich und fettig!

Kartoffeln aus dem Backofen

Folienkartoffeln

Armins Tipp

Die Folienkartoffeln schmecken einmalig, wenn sie in der Glut eines Feuers (zum Beispiel eines Geburtstagslagerfeuers!) gegart werden. Steckt man einen langen, sauberen Eisennagel in die Kartoffel, bevor man sie in die Folie wickelt, dann wird die Kartoffel gleichmäßiger gar, weil das Metall des Nagels die Hitze direkt ins Zentrum der Kartoffel leitet.

Für 4 Portionen braucht man:

4 große oder 8 mittelgroße mehlige Kartoffeln

1. Den Backofenrost auf die mittlere Schiene schieben. Den Backofen auf 200 Grad (Gas Stufe 3–4) vorheizen.

2. Die Kartoffeln unter fließendem kalten Wasser mit einer Bürste gründlich reinigen. Rundherum mit einer Gabel einstechen, dann werden sie gleichmäßiger gar.

3. 4 oder 8 große Stücke Alufolie zuschneiden.

4. Jede Kartoffel auf ein Stück Alufolie setzen, gut einwickeln und auf ein Backblech legen. Kartoffeln in den Ofen schieben (Topfhandschuhe anziehen!) und 1 bis 1 1/2 Stunden backen. Nach 1 Stunde eine Kartoffel auswickeln und mit einer Gabel testen, ob sie gar ist (siehe Seite 23).

5. Die fertigen Kartoffeln aus dem Backofen holen (mit Topfhandschuhen!) und vorsichtig auswickeln.

6. In jede Kartoffel ein tiefes Kreuz schneiden. Die Schnittstelle ein bisschen erweitern, so dass eine Öffnung entsteht.

Und damit kann man Folienkartoffeln füllen:

● In die Öffnung kann man einfach einen Esslöffel saure Sahne oder Crème fraîche und klein geschnittenen Schnittlauch geben (siehe Foto).

● Oder man kann ein großes Stück Butter hineingeben und geriebenen Käse darüber streuen.

● Oder man kann auf den Seiten 32 und 33 nachsehen, was zu Kartoffeln aus dem Ofen schmeckt.

Pommes frites aus dem Backofen

Für 2 Portionen braucht man:

5–6 mittelgroße fest kochende
Kartoffeln
Salz
3 EL Olivenöl

1. Den Backofen auf 180 Grad (Gas Stufe 2–3) vorheizen.

2. Die Kartoffeln schälen, waschen und in 1 Zentimeter dicke Scheiben schneiden. Die Scheiben in etwa 5 Zentimeter lange Stäbchen schneiden (siehe rechts).

3. Ein Backblech mit 1 Esslöffel Öl bestreichen. Die Kartoffelstäbchen nebeneinander (wenn sie übereinander liegen, werden sie nicht braun!) auf das Backblech legen.

4. Die Pommes frites salzen und mit 2 Esslöffel Olivenöl beträufeln.

5. Das Blech (mit Topfhandschuhen!) in den Ofen schieben und die Pommes etwa eine halbe Stunde backen, bis sie goldbraun und knusprig sind.

● Bei McDonald's (und anderswo) werden Pommes frites in sehr viel sehr heißem Fett „ausgebacken". Das ist ohne Friteuse eine ziemlich gefährliche Angelegenheit und für ungeübte Köche nicht so gut geeignet. Pommes aus dem Backofen schmecken fast genauso gut und sind leichter zu machen.

Pommes schneiden – so wird's gemacht:

1. Die Kartoffeln schälen (am besten mit dem Kartoffelschäler).

2. Die Kartoffeln erst in Scheiben, dann in Stäbchen schneiden.

Kartoffeln aus dem Backofen

Und das schmeckt ...

Nicht nur zu Kartoffeln!

Was zu Kartoffeln aus dem Ofen schmeckt, kann man meist auch super auf Brot essen. In gewürzten Quark oder Kräuter-Joghurt-Mayonnaise kann man außerdem prima in Stifte geschnittenes, rohes Gemüse hineintunken, wie zum Beispiel Möhren, gelbe oder rote Paprikaschoten, Kohlrabi oder Gurken (siehe Seite 62 und 63). Schmeckt köstlich!

Kräuterbutter (1)

Für 4 Folienkartoffeln braucht man:

4 EL weiche Butter (rechtzeitig aus dem Kühlschrank nehmen!)

4 EL fein geschnittene oder gehackte Kräuter (zum Beispiel Schnittlauch, Petersilie, Dill, Basilikum oder Thymian)

Salz, Pfeffer

etwas Zitronensaft

Die Kräuter und die weiche Butter in einer kleinen Schüssel mit einer Gabel mischen und mit Salz, Pfeffer und Zitronensaft abschmecken. Die Kräuterbutter auf die heißen Kartoffeln geben.

Kräuter-Joghurt-Mayonnaise (2)

Für 4 Folienkartoffeln braucht man:

1 Becher Naturjoghurt (150 g)

1 EL Crème fraîche

2 EL Mayonnaise (aus dem Glas)

4 EL fein geschnittene oder gehackte Kräuter (zum Beispiel Schnittlauch, Petersilie, Dill, Basilikum oder Thymian)

Salz, Pfeffer

etwas Zitronensaft

Joghurt, Crème fraîche und Mayonnaise in einer kleinen Schüssel verrühren. Mit Salz und Pfeffer würzen und die Kräuter dazugeben. Mit Zitronensaft abschmecken.

Kartoffeln aus dem Backofen

... zu Kartoffeln aus dem Ofen

Bananen-Curry-Quark (3)
Für 4 Folienkartoffeln braucht man:

4 EL Magerquark

etwas Milch

1 kleine Banane

1 TL Currypulver

Salz, Pfeffer

Den Quark mit etwas Milch in einer kleinen Schüssel verrühren, damit er schön cremig wird. Die Banane schälen, mit einer Gabel zerdrücken und unter den Quark rühren. Das Currypulver hineinrühren und den Quark ebenfalls mit Salz und Pfeffer abschmecken.

Tomatenquark (4)
Für 4 Folienkartoffeln braucht man:

4 EL Magerquark

1 EL Joghurt

1 EL Crème fraîche

2 EL Tomatenmark

1 EL Tomatenketchup

Salz, Pfeffer, Paprikapulver

Alle Zutaten in einer kleinen Schüssel miteinander verrühren. Mit Salz, Pfeffer und Paprika abschmecken.

Und so kann man Quark und Mayonnaise verändern:

- Man kann mehr oder weniger Crème fraîche dazugeben.
- Man kann klein geschnittene Gewürzgurken oder klein geschnittene Tomaten hineingeben.
- Man kann klein geschnittene Paprikaschoten oder klein geschnittene Radieschen hinzufügen.
- Man kann einen klein geschnittenen Apfel hineingeben.
- Man kann ein hart gekochtes Ei (siehe Seite 11) pellen, würfeln und unter den Quark rühren.
- Man kann selbst einen Quark erfinden.

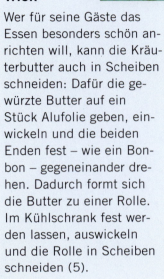

Christophs Trick

Wer für seine Gäste das Essen besonders schön anrichten will, kann die Kräuterbutter auch in Scheiben schneiden: Dafür die gewürzte Butter auf ein Stück Alufolie geben, einwickeln und die beiden Enden fest – wie ein Bonbon – gegeneinander drehen. Dadurch formt sich die Butter zu einer Rolle. Im Kühlschrank fest werden lassen, auswickeln und die Rolle in Scheiben schneiden (5).

Feines aus Kartoffeln

Kartoffelbrei ...

Armins Tipp

Auch wenn's manchmal Kartoffelpüree heißt – Kartoffeln für Kartoffelbrei darf man niemals mit dem Pürierstab oder dem Mixer pürieren. Dann wird er nämlich klebrig und zäh wie Kaugummi. Also: Lieber immer Großmutters alten Kartoffelstampfer oder die Kartoffelpresse und einen Kochlöffel zum Rühren nehmen.

Für 4 Portionen braucht man:

1 kg mehlige Kartoffeln

1 Prise Salz

1 EL Butter

etwa 1/4 l Milch

1. Die Butter aus dem Kühlschrank nehmen.

2. Die Kartoffeln waschen, in einen großen Topf geben und so lange Wasser zugießen, bis die Kartoffeln knapp mit Wasser bedeckt sind.

3. Das Wasser salzen, Deckel auf den Topf legen und die Kartoffeln auf höchster Stufe zum Kochen bringen. Wenn sie kochen, auf mittlere Stufe zurückschalten und die Kartoffeln weiter kochen lassen, bis sie weich sind. (Das dauert etwa 20 Minuten, je nach Größe der Kartoffeln.)

4. Wenn die Kartoffeln weich sind – für Kartoffelbrei dürfen sie sehr weich sein –, die Kartoffeln in ein Sieb abgießen (siehe Seite 23) und kurz unter kaltes Wasser halten.

5. Die Kartoffeln pellen und durch die Kartoffelpresse in eine Schüssel drücken (siehe rechts) oder mit dem Kartoffelstampfer zerdrücken.

6. Dann die Butter stückchenweise unterrühren und die zerstampften Kartoffeln salzen.

7. Einen Topf mit kaltem Wasser ausspülen (nicht abtrocknen, damit die Milch nicht anbrennt), dann die Milch hineingeben und auf mittlerer Stufe erhitzen. Dabei ab und zu umrühren. Die Milch darf fast kochen.

8. Die heiße Milch nach und nach mit einem Kochlöffel oder dem Schneebesen unter die Kartoffelmasse rühren – so lange, bis der Kartoffelbrei genau richtig ist (siehe Foto 1).

Feines aus Kartoffeln

... und wie man ihn verändern kann

Grüner Kartoffelbrei (2)

Für 4 Portionen braucht man:

600 g mehlige Kartoffeln

1 EL Butter

Salz, Pfeffer

175 ml Milch

¼ l Gemüsebrühe (aus einem Brühwürfel oder gekörnter Brühe, siehe Seite 54)

eine Packung Tiefkühlerbsen (300 g)

Aus den Kartoffeln, der Butter, dem Salz und der Milch einen Kartoffelbrei zubereiten (siehe links). Die Gemüsebrühe zum Kochen bringen. Erbsen hineingeben und etwa 5 Minuten leicht kochen lassen. Erbsen in der Brühe mit dem Pürierstab pürieren. Den Erbsenbrei unter den Kartoffelbrei rühren. Wenn nötig, noch einmal mit Salz und Pfeffer abschmecken.

Roter Kartoffelbrei (4)

Für 4 Portionen braucht man:

800 g mehlige Kartoffeln

1 EL Butter

Salz, Pfeffer

200 ml Milch

4 geschälte Tomaten aus der Dose

Aus den Kartoffeln, der Butter, dem Salz und der Milch einen Kartoffelbrei herstellen (siehe links). Die Tomaten quer durchschneiden und die Kerne mit einem Teelöffel entfernen. Die Tomaten im Mixer oder mit dem Pürierstab pürieren. Den Tomatenbrei mit dem Kartoffelbrei verrühren. Wenn nötig, noch einmal mit Salz und Pfeffer abschmecken.

Orangefarbener Kartoffelbrei (3)

Für 4 Portionen braucht man:

600 g mehlige Kartoffeln

1 EL Butter

Salz, Pfeffer

175 ml Milch

400 g Karotten

¼ l Wasser

¼ TL Zucker

Aus den Kartoffeln, der Butter, dem Salz und der Milch einen Kartoffelbrei herstellen (siehe links). Die Karotten schälen und in dünne Scheiben schneiden. Das Wasser zum Kochen bringen, Zucker und etwas Salz hinzufügen und die Karotten bei mittlerer Temperatur in etwa 8 Minuten im geschlossenen Topf weich kochen. Die weichen Karotten im Kochwasser mit einem Pürierstab oder im Mixer pürieren. Den Karottenbrei mit dem Kartoffelbrei verrühren. Wenn nötig, noch einmal mit Salz und Pfeffer abschmecken.

Kartoffelbrei – so wird's gemacht:

1. Die gekochten Kartoffeln noch heiß durch die Kartoffelpresse drücken.

2. Zuerst die Butter, dann die heiße Milch mit einem Schneebesen oder einem Kochlöffel unter die Kartoffeln rühren.

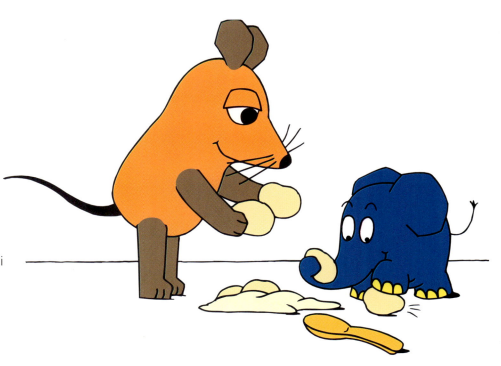

Salat aus Kartoffeln

Kartoffelsalat

Kartoffelsalat – so wird's gemacht:

1. Die gewaschenen Kartoffeln in wenig Wasser in etwa 20 Minuten weich kochen.

2. Die Kartoffeln noch warm pellen und in Scheiben schneiden. Die Zwiebel abziehen und in kleine Würfel schneiden.

3. Den Salat mit Brühe, Essig, Senf, Zucker, Salz und Pfeffer vermischen und eine halbe Stunde ziehen lassen.

Für 4 Portionen braucht man:

1 kg fest kochende Kartoffeln

180 ml heiße Brühe (aus einem Brühwürfel oder gekörnter Brühe, siehe Seite 54)

1 Zwiebel

3 EL Essig

1 TL Senf

½ TL Zucker, Salz, Pfeffer

4 EL Öl

1. Die Kartoffeln als Pellkartoffeln kochen (siehe Seite 24).

2. Während die Kartoffeln kochen, die Brühe zubereiten.

3. Die Kartoffeln abgießen, abdampfen lassen und noch warm schälen.

4. Die Kartoffeln noch warm in Scheiben in eine große Schüssel schneiden.

5. Die Zwiebel abziehen, in kleine Würfel schneiden (siehe Seite 46) und zu den Kartoffeln geben.

6. Brühe, Essig, Senf, Zucker, Salz und Pfeffer verrühren und alles über die Kartoffeln gießen. Die Kartoffeln zudecken und eine halbe Stunde gut durchziehen lassen.

7. Zum Schluss das Öl zu den Kartoffeln geben und den Salat vorsichtig umrühren. Wenn nötig, noch einmal salzen und pfeffern.

Und so kann man Kartoffelsalat verändern:

● Man kann statt Öl 5 Esslöffel Mayonnaise nehmen.

● Man kann Wiener Würstchen in Scheiben schneiden und zu dem Kartoffelsalat geben.

● Man kann gekochten Schinken in Streifen schneiden und zu dem Kartoffelsalat geben.

● Man kann klein geschnittene Äpfel, hart gekochte Eier, Fleischwurst, Gewürzgurken und Schnittlauch dazugeben (siehe Foto).

● Man kann italienischen Kartoffelsalat machen und Mozzarella, Tomaten und Basilikum dazugeben.

● Man kann klein gehackte Kräuter dazugeben (zum Beispiel Petersilie oder Dill, besonders gut schmeckt Kresse).

● Man kann eine halbe Salatgurke schälen, in Scheiben schneiden oder hobeln und zu dem Kartoffelsalat geben.

● Man kann klein geschnittene Radieschen oder Tomaten dazugeben.

Süßes aus Kartoffeln

Süße Kartoffelklößchen mit Zimtzucker

Für 1–2 Portionen braucht man:

3–4 übrig gebliebene Salz- oder Pellkartoffeln vom Vortag

1 Ei

Mehl

Zimt und Zucker

Super-Maus-Rezept

1. 1 Liter Wasser in einen Topf füllen. Das Wasser leicht salzen (probieren!) und auf höchster Stufe zum Kochen bringen.

2. Wer Pellkartoffeln nimmt: Pellkartoffeln pellen. Die Kartoffeln durch eine Kartoffelpresse drücken oder mit einem Kartoffelstampfer sehr fein stampfen.

3. Das Ei mit einer Gabel unter die Kartoffeln mengen.

4. Esslöffelweise Mehl dazugeben und den Teig mit den Händen verkneten – so lange, bis der Teig kaum noch an den Händen klebt und man ihn formen kann.

5. Wenn nötig, Salz hinzufügen (das hängt davon ab, ob man Salz- oder Pellkartoffeln genommen hat).

6. Etwas Mehl auf ein großes Holzbrett oder direkt auf die Arbeitsplatte geben, damit der Teig nicht anklebt. Aus dem Kartoffelteig eine lange, etwa 1 Zentimeter dicke Wurst rollen und diese mit den Händen ein wenig platt drücken.

7. Die Wurst mit einem Messer in etwa 1 Zentimeter dicke Stücke schneiden.

8. Alle Klößchen auf einmal in das kochende Wasser geben und die Herdplatte auf mittlere Stufe zurückschalten, so dass die Klößchen gerade eben noch kochen (das nennt man „köcheln").

9. Die Klößchen 5 Minuten köcheln lassen, mit einer Schaumkelle herausnehmen und auf einen Teller geben.

10. Mit Zimt und Zucker bestreuen.

● Dies ist ein Resteessen, das man aus übrig gebliebenen Kartoffeln und nach Gefühl macht: Wenn es viele Kartoffeln sind, gibt man noch ein Ei dazu, wenn es wenig Kartoffeln sind, nimmt man etwas mehr Mehl.

Wahres und Unwahres über Nudeln

Nudeln machen dick

Stimmt nicht. Nudelteig besteht in der Regel aus Mehl, Wasser und Salz und nichts davon macht dick, denn nichts davon enthält Fett. Nur Nudeln mit Eiern enthalten Fett: weil nämlich im Eigelb ziemlich viel Fett ist. Trotzdem: So viele Eiernudeln kann man gar nicht essen, um davon wirklich dick zu werden. Dick machen allenfalls die Sahnesoßen zu den Nudeln.

Alle Nudeln schmecken gleich

Stimmt nicht. Zwar werden Nudeln in der Regel – mal mit und mal ohne Ei – immer aus dem gleichen Teig gemacht, aber ihre Form ist immer anders und der Grund dafür, dass sich jede Nudel anders mit den übrigen Zutaten verbindet. Deshalb schmecken Spaghetti anders als Farfalle, Lasagne anders als Makkaroni. Die Italiener wählen die Nudeln immer passend zur Soße aus: kräftige, würzige Soßen zu dickeren Nudeln, leichte, helle Soßen zu schlanken, zarten Nudeln.

Nudeln machen glücklich

Stimmt. Weil Hauptbestandteil von Nudeln nämlich die so genannten Kohlenhydrate sind. Wissenschaftler haben herausgefunden, dass bei Menschen, die mit der Nahrung viele Kohlenhydrate aufnehmen, im Gehirn ein bestimmter Stoff freigesetzt wird, der glücklich macht.

Nudeln sind Sportlernahrung

Stimmt. Denn die Kohlenhydrate in den Nudeln verwandelt der Körper besonders schnell in Energie. Und die können Sportler natürlich besonders gut gebrauchen, vor allem vor einem Wettkampf!

Nudeln sind eine Erfindung der Italiener

Stimmt nicht, auch wenn es gern behauptet wird. Viele meinen, dass Marco Polo, der schon im 13. Jahrhundert von Italien nach China gereist ist, die Nudel von dort nach Italien gebracht hat. Stimmt aber wahrscheinlich auch nicht. Vermutlich gibt's Nudeln seit Jahrhunderten sowohl in China als auch in Italien als auch sonstwo auf der Welt …

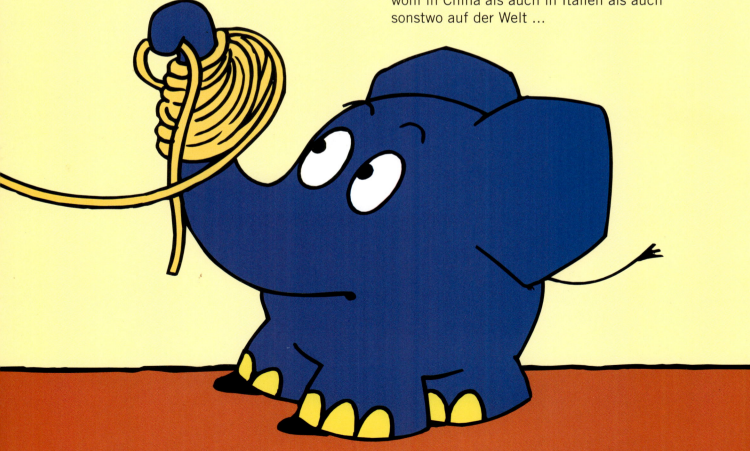

Nudelsorten

Spaghetti, Tortellini, Makkaroni

So macht man eine Buchstaben-Schachtel:

1. Aus einer Packung Buchstabennudeln die passenden heraussuchen, z. B. für einen Namen oder eine Botschaft.

2. Für den Rand des Schachteldeckels Muschel- oder Sternchennudeln bereitlegen.

3. Die Buchstabennudeln mit Alleskleber auf dem Schachteldeckel befestigen. Die Ränder mit den Muscheln bekleben.

4. Zum Schluss die Schachtel mit Plakafarbe anmalen. (Gut für eine Weihnachtsschachtel: Gold und Silber.)

In Italien gibt es über 300 Nudelsorten und jede italienische Mamma kann aus dem Stegreif mindestens zwei Dutzend aufzählen: Penne, Makkaroni, Cornetti, Rigatoni, Cappellini, Spaghetti, Spaghettini, Spaghettoni, Fusilli, Farfalle, Tagliatelle, Pappardelle, Linguine, Taglierini, Tagliolini, Vermicelli, Lasagne, Cannelloni, Tortellini, Ravioli ...
Aber keine Panik: Diese Vielfalt lässt sich ganz einfach auf vier Schubladen verteilen:

● Es gibt **lange Nudeln**, wie zum Beispiel Spaghetti (1), Linguine (2), Tagliatelle (3) oder Makkaroni (4). Sie eignen sich für alle Nudelgerichte mit einer Soße. Welche man auswählt, hängt von der Soße ab: Zu kräftigen, würzigen Soßen nimmt man am besten kräftige, etwas dickere Nudeln, zu hellen, leichten Soßen passen gut zarte, dünne Nudeln. Ausprobieren!

● Es gibt **kurze Nudeln**, wie zum Beispiel Fusilli (5), Penne (6), Rigatoni (7) oder Muschelnudeln (8 und 9). Sie schmecken gut mit den verschiedensten Soßen und eignen sich hervorragend für Aufläufe.

● Es gibt **Suppennudeln** in den unterschiedlichsten Formen – von Buchstaben über Sternchen bis zu kleinen Muscheln oder Hörnchen. Wichtigstes Merkmal: Sie sind besonders klein, damit man sie gut mit dem Löffel essen kann.

● Es gibt **gefüllte Nudeln**, zum Beispiel Tortellini, Ravioli oder Cannelloni. Manche eignen sich nur für Aufläufe, zum Beispiel Lasagnenudeln, andere lassen sich prima mit Soßen kombinieren oder eignen sich sogar als Suppennudeln (zum Beispiel Tortellini, siehe Seite 55). Daraus folgt: Nudeln eignen sich ganz ausgezeichnet zum Experimentieren.

— Nudelregeln —

Die fünf wichtigsten Nudelregeln

Regel 1:
So viele Nudeln kocht man pro Person

Als Faustregel gilt: Pro Person braucht man 100 bis 120 Gramm Nudeln. In einer Packung Spaghetti sind in den allermeisten Fällen 500 Gramm, sie reicht also im Normalfall für vier Personen.

Regel 2:
So viel Wasser braucht man zum Nudelnkochen

Nudeln brauchen viel Wasser, sonst kleben sie beim Kochen zusammen. Deshalb braucht man einen großen Nudeltopf, am besten einen, der 6 Liter Wasser fasst. Faustregel: Für 100 Gramm Nudeln nimmt man 1 Liter Wasser (2 Liter sind noch besser), für 500 Gramm sollten es mindestens 4 Liter sein.

Regel 3:
So viel Salz braucht man für das Nudelwasser

Pro Liter Wasser nimmt man einen gehäuften Teelöffel Salz. Das Salz erst in das kochende Wasser geben und dann das Wasser probieren: So salzig, wie das Wasser schmeckt, schmecken am Ende auch die Nudeln. Es ist nicht notwendig, Öl ins Kochwasser zu geben. Wenn man die Nudeln in reichlich Wasser kocht, kleben die Nudeln nicht zusammen.

Regel 4:
So lange kocht man Nudeln

Nudeln sind gar, wenn sie außen schon weich sind, innen aber noch „Biss" haben. Die Italiener nennen das „al dente", was so viel wie „mit Biss" heißt. Am besten schaut man auf der Packung nach, wie lang die angegebene Kochzeit ist. Wenn die Nudeln richtig kochen, den Küchenwecker eine Minute kürzer als die angegebene Kochzeit stellen. Von da an im Abstand von einer Minute immer wieder mit dem Kochlöffel oder der Gabel eine Nudel aus dem Topf fischen und probieren. So erwischt man am besten den Zeitpunkt, wenn die Nudeln gar sind.

Regel 5:
So gießt man Nudeln ab

Wenn die Nudeln fertig sind, gießt man sie in ein großes Küchensieb ab. Das Sieb schütteln, damit das Kochwasser gut abfließt. Die Nudeln sofort wieder zurück in den Topf oder in eine vorgewärmte Schüssel geben, damit sie nicht kalt werden. (Ausnahme: Wenn man die Nudeln weiterverarbeiten will, zum Beispiel für Nudelauflauf.) Einen Esslöffel Öl oder ein Stück Butter an die Nudeln geben, damit sie nicht zusammenkleben.

Nudeln kochen – so wird's gemacht:

1. In einem großen Topf mit geschlossenem Deckel und auf höchster Stufe das Wasser zum Kochen bringen.

2. Erst das Salz, dann die Nudeln ins Kochwasser geben und auf mittlere Stufe zurückschalten.

3. Die Nudeln im offenen Topf kochen. Immer mal wieder umrühren, damit sie nicht zusammenkleben.

4. Die fertigen Nudeln (probieren!) in ein Sieb abgießen.

— Schnelle Nudelgerichte —

Spaghetti mit Butter und Parmesan

Nudeln mit Butter und Parmesan

gehören zu den Lieblingsgerichten der Norditaliener. Wenn man es so macht, wie im Rezept beschrieben – also Butter und Parmesan an die Nudeln gibt, wenn sie noch im Topf, also noch sehr heiß sind –, dann verschmelzen Käse und Butter miteinander und umhüllen die Spaghetti mit einem unvergleichlichen Aroma. Ein einfaches, aber köstliches Essen, das in ein paar Minuten auf dem Tisch steht!

Für 2 Portionen braucht man:

250 g Spaghetti

1 EL Butter

5 EL geriebenen Parmesan

1. Die Spaghetti kochen (siehe Seite 41), in ein Sieb abgießen und das Kochwasser gut abschütteln. Die Nudeln sofort wieder in den Topf geben.

2. Die Butter und 3 Esslöffel Parmesan zu den Nudeln geben und alles gut miteinander vermischen.

3. Für etwa eine halbe Minute den Deckel auf den Topf legen, damit Butter und Parmesan schmelzen können.

4. Die Spaghetti auf 2 Teller verteilen und mit dem restlichen Parmesan bestreuen.

Schnelle Nudelgerichte

Makkaroni mit schneller Tomatensoße

Für 4 Portionen braucht man:

500 g Makkaroni

1 Stück Butter

1 kleine Dose geschälte Tomaten (425 ml)

Salz, Pfeffer

1. Die Makkaroni kochen (siehe Seite 41).

2. Währenddessen die Butter in einen kleinen Topf geben und auf kleiner Stufe schmelzen lassen.

3. Die Tomaten mit dem Saft direkt aus der Dose dazugeben und erhitzen.

4. Die Tomaten mit einem Pürierstab zerkleinern oder mit einer Gabel oder einem Kartoffelstampfer zerdrücken.

5. Die Tomatensoße vorsichtig salzen und pfeffern.

6. Die Makkaroni in ein Sieb abgießen und das Kochwasser gut abschütteln.

7. Die Makkaroni auf vier Teller verteilen. Auf jede Portion Tomatensoße geben.

● Mit einem Schuss Sahne oder einem Löffel Crème fraîche wird die Soße ein bisschen milder. Passt gut zu Tortellini.

● Tipp: Auf jede Portion Nudeln ein kleines Stück Butter, frisch geriebenen Parmesan (siehe Foto) und Basilikumblättchen geben.

> **Nicht vergessen!**
> Nudeln und Dosentomaten sollten immer im Haus sein. Dann kann man sich in kürzester Zeit ein super Nudelgericht machen!

Nudelsoßen

Italienische Tomatensoße

Tomatensoße – so wird's gemacht:

1. Zwiebel, Möhre und Sellerie in kleine Würfel schneiden.

2. Das Gemüse unter Rühren anbraten.

3. Die Tomaten dazugeben und etwas zerdrücken. Die Tomatensoße einkochen lassen.

Für 4 Portionen braucht man:

1 große Zwiebel
1 mittelgroße Möhre
1 Stück Sellerieknolle (etwa so groß wie die Möhre)
3 EL Öl (am besten Olivenöl)
1 große Dose geschälte Tomaten (850 ml)
Salz, Pfeffer

1. Zwiebel, Möhre und Sellerie schälen: die Möhre mit einem Kartoffelschäler, die Zwiebel mit einem Messer. Den Sellerie ebenfalls etwas dicker mit einem Messer schälen.

2. Das Gemüse fein würfeln oder mit einem Zwiebelhacker zerkleinern.

3. Das Öl in einem mittelgroßen Topf bei mittlerer Temperatur erhitzen.

4. Die Zwiebelwürfel in den Topf geben und ein paar Minuten anbraten. Dabei umrühren: Sie dürfen nicht braun werden!

5. Möhren und Sellerie dazugeben und ebenfalls unter Rühren anbraten.

6. Die Tomaten mit dem Saft dazugeben und mit einer Gabel oder einem Kartoffelstampfer zerdrücken. Vorsichtig salzen und pfeffern. Die Soße mindestens 45 Minuten bei niedrigster Temperatur ohne Deckel köcheln lassen, dabei ab und zu umrühren.

● Die italienische Tomatensoße passt zum Beispiel gut zu Spaghetti oder Rigatoni (siehe Foto), aber auch zu Tortellini.

Und so kann man die Tomatensoße verändern:

● Man kann zusammen mit den Zwiebeln 100 Gramm durchwachsenen, gewürfelten Räucherspeck anbraten.

● Man kann zusammen mit den Tomaten frische oder 2 Teelöffel getrocknete Kräuter wie Oregano oder Basilikum dazugeben.

● Man kann zum Schluss 2 Esslöffel Crème fraîche an die Soße geben.

Nudelsoßen

Sauce Bolognese

Für 4 bis 5 Portionen braucht man:

1 große Zwiebel

1 mittelgroße Möhre

1 Stück Sellerieknolle (etwa so groß wie die Möhre)

3 EL Olivenöl

350 g Hackfleisch (halb Rind-, halb Schweinefleisch)

Salz, Pfeffer

½ Tasse Fleischbrühe (aus einem Würfel oder gekörnter Brühe, siehe Seite 54)

1 große Dose geschälte Tomaten (850 ml)

1 TL getrockneten Oregano und/oder

1 TL getrocknetes Basilikum

1. Zwiebel, Möhre und Sellerie schälen: die Möhre mit einem Kartoffelschäler, die Zwiebel mit einem Messer. Den Sellerie ebenfalls etwas dicker mit einem Messer schälen.

2. Das Gemüse fein würfeln oder mit einem Zwiebelhacker hacken.

3. Das Olivenöl in einem mittelgroßen Topf auf mittlerer Stufe erhitzen.

4. Die Zwiebelwürfel in den Topf geben und ein paar Minuten lang anbraten. Dabei umrühren: Sie dürfen nicht braun werden!

5. Möhre und Sellerie dazugeben und unter Rühren anbraten.

6. Das Hackfleisch in den Topf geben und unter Rühren so lange anbraten, bis es grau und krümelig ist. Salzen und pfeffern. Die Brühe dazugeben.

7. Die Tomaten ebenfalls in den Topf geben und mit einer Gabel oder einem Kartoffelstampfer zerdrücken.

8. Mit Salz, Pfeffer, Oregano und Basilikum würzen.

9. Die Soße auf kleiner Stufe offen eine halbe Stunde lang köcheln lassen, danach den Deckel auflegen und noch mindestens eine weitere halbe Stunde köcheln lassen. Ab und zu umrühren.

10. Zum Schluss noch einmal mit Salz, Pfeffer, Oregano und Basilikum abschmecken.

● Dazu passen gut etwas dickere Nudeln, zum Beispiel Spaghetti, Penne, Makkaroni oder Tagliatelle (das sind italienische Bandnudeln, siehe Foto).

● Tipp: Die Soße auf die Nudeln geben, ein Stück kalte Butter obendrauf setzen und mit frisch geriebenem Parmesan bestreuen.

Übrigens ...

In Bologna, wo die Sauce Bolognese herkommt, heißt sie gar nicht „Bolognese" – die Bologneser nennen ihre berühmte Erfindung „ragú". Und auch „Spaghetti Bolognese" gibt es in Bologna nicht: Die Bologneser essen „ragú" nämlich lieber zu Tagliatelle, Rigatoni, Penne oder auch in der Lasagne!

Nudelsoßen

Sahnesoße ...

Zwiebelwürfel – so wird's gemacht:

1. Von der Zwiebel den Wurzel- und den Stielansatz abschneiden. Die Schale abziehen.

2. Die Zwiebeln längs halbieren. Die Zwiebelhälften der Länge nach in schmale Streifen schneiden.

3. Die Zwiebelhälften gut festhalten und jetzt quer in schmale Streifen schneiden, so dass kleine Würfel entstehen.

Für 4 Portionen braucht man:
1 Zwiebel
1 EL Öl (am besten Olivenöl)
500 g Sahne
Salz und Pfeffer

1. Die Zwiebel schälen und fein würfeln oder hacken.

2. Das Öl in einem mittelgroßen Topf auf mittlerer Stufe erhitzen, die gehackte Zwiebel dazugeben, Deckel auflegen und die Zwiebel ein paar Minuten bei niedriger Temperatur anbraten, bis sie glasig aussieht (das nennt man „andünsten"). Immer wieder nachschauen, dabei umrühren: Die Zwiebel darf nicht braun werden!

3. Eine halbe Tasse Sahne abnehmen und zur Seite stellen. Die restliche Sahne zu den Zwiebeln geben und auf höchster Stufe aufkochen lassen. Sofort auf mittlere Stufe herunterschalten, so dass die Sahne noch leicht sprudelnd kocht. Vorsicht: Bei einem Elektroherd dauert es eine Weile, bis sich die Temperatur reguliert hat. So lange kocht die Sahne leicht über!

4. Jetzt die Sahne „einkochen" lassen: das heißt, so lange sprudelnd kochen lassen, bis sie dick und cremig wird. Das kann 10 Minuten, manchmal sogar länger dauern – je länger die Sahne kocht, desto dicker wird sie. Man kann also selbst entscheiden, wie cremig man sie haben will. Wichtig: Die Soße die ganze Zeit beobachten, damit man rechtzeitig merkt, wann sie fertig ist.

5. Wenn die Soße dick genug ist, die restliche Sahne dazugeben, alles noch einmal aufkochen lassen und von der Herdplatte ziehen. Vorsichtig salzen und pfeffern. Jetzt kann man würzen: zum Beispiel mit ein bisschen Brühpulver (siehe Seite 54) oder raffinierter mit Kräutern, Käse oder Zitronenschale (siehe rechts).

● Sahnesoßen passen zu allen Nudeln. Sehr gut sind sie zu Tortellini (siehe Foto).

― Nudelsoßen ―

... und was man daraus machen kann

Käse-Sahnesoße

Für 4 Portionen braucht man:

1 Rezept Sahnesoße (siehe links)
4 EL geriebenen Käse (40 g), z. B.
Emmentaler oder Parmesan (oder
1 großes Stück Blauschimmelkäse,
z. B. Gorgonzola oder Roquefort,
oder 1 Ecke Schmelzkäse)

Eine Sahnesoße zubereiten. Den Käse in die Soße rühren und schmelzen lassen.

● Für die Käse-Sahnesoße braucht man die Sahne nicht so lange einkochen zu lassen: Sie wird durch den Käse dick.

Kräuter-Sahnesoße

Für 4 Portionen braucht man:

1 Rezept Sahnesoße (siehe links)
2 EL gehackte Kräuter,
z. B. Basilikum, Petersilie oder
andere Kräuter nach Geschmack

Eine Sahnesoße zubereiten. Zum Schluss die fein gehackten Kräuter dazugeben und kurz erhitzen.

Zitronen-Sahnesoße

Für 4 Portionen braucht man:

1 Rezept Sahnesoße (siehe links)
1 unbehandelte Zitrone

Eine Sahnesoße zubereiten. Die Zitrone gründlich waschen und abtrocknen. Auf der feinen Seite einer Küchenreibe vorsichtig die oberste Schicht der Zitronenschale rundherum abreiben und zur Soße geben.

Sahnesoße mit Schinken und Erbsen (siehe Foto)

Für 4 Portionen braucht man:

1 TL Butter
150 g gekochten Schinken (gewürfelt oder in feine Streifen geschnitten)
500 g Sahne
150 g tiefgekühlte Erbsen

Die Butter in einem mittelgroßen Topf erhitzen. Den Schinken dazugeben und etwa eine Minute lang unter Rühren ebenfalls erhitzen. Die Sahne hinzufügen und einkochen lassen (siehe links). Nach fünf Minuten die tiefgekühlten Erbsen zur Soße geben und so lange mitkochen, bis die Soße cremig ist.

Wenn man Zitrone abreibt ...

sollte man darauf achten, dass man eine unbehandelte (nicht gespritzte) Zitrone verwendet. Nicht zu viel abreiben: Nur die oberste Schicht der Zitrone – also das Gelbe – gibt das Zitronenaroma, das Weiße braucht man nicht. Außerdem kann man die Zitrone noch gut aufheben und später weiterverwenden, weil das Fruchtfleisch durch die weiße Hülle vor dem Austrocknen bewahrt wird.

Nudeln mit Ei

Spaghetti Carbonara

Speck auslassen – so wird's gemacht:

1. Die Speckscheibe zuerst in Streifen, dann in kleine Würfel schneiden.

2. Die Speckwürfel in eine Pfanne oder einen Topf mit heißem Öl geben und auf mittlerer Stufe so lange braten, bis der Speck knusprig ist.

Für 4 Portionen braucht man:

1 Scheibe durchwachsenen Räucherspeck (100 g)

400 g nicht zu dicke Spaghetti

1 EL Olivenöl

3 Eier

5 EL Sahne

5 EL geriebenen Parmesan

Salz, frisch gemahlenen schwarzen Pfeffer

1. Den Speck zuerst in Streifen, dann die Streifen in kleine Würfel schneiden.

2. Die Nudeln kochen (siehe Seite 41).

3. Während die Nudeln kochen, das Öl in einer Pfanne erhitzen und den Speck darin so lange braten, bis er braun und knusprig ist (siehe links). Das dauert etwa 5 Minuten.

4. Eier, Sahne und Parmesan in einer kleinen Schüssel gut miteinander verrühren. Den gebratenen Speck in die Soße geben und die Mischung vorsichtig mit Salz abschmecken.

5. Die fertigen Nudeln abgießen, das Kochwasser gut abschütteln und die Nudeln sofort wieder in den Topf zurückgeben, damit sie nicht kalt werden!

6. Den Topf mit den Nudeln auf die ausgeschaltete Herdplatte zurückstellen (bei Gas auf kleinste Flamme stellen!). Die Soße zu den Nudeln geben und alles gut miteinander vermischen. Ganz kurz erhitzen und sofort auf vier Teller verteilen.

7. Frischen Pfeffer aus der Mühle darüber mahlen.

● Spaghetti Carbonara sind dann gut, wenn die Eier in der Soße nur kurz gestockt, das heißt gerade eben fest geworden sind. Erhitzt man die Nudeln mit der Soße zu lange, dann werden die Eier zu fest und die Spaghetti Carbonara zu trocken!

Nudeln aus der Pfanne

Schinkennudeln

Für 2 Portionen braucht man:

250 g Bandnudeln

100 g gekochten Schinken (in Scheiben geschnitten)

1 EL Butter

1. Die Nudeln kochen (siehe Seite 41).
2. Während die Nudeln kochen, den Schinken in Streifen oder Würfel schneiden (siehe Seite 50).
3. Eine Schüssel mit sehr heißem Wasser ausspülen, so dass sie warm wird.
4. Die fertigen Nudeln abgießen, das Kochwasser gut abschütteln und die Nudeln in die vorgewärmte Schüssel geben. Den Schinken mit den Nudeln vermischen.
5. In einem kleinen Topf die Butter schmelzen und über die Schinkennudeln geben.

Was man mit Schinkennudeln alles machen kann:

- Man kann noch ein bis zwei Eier darüber schlagen: Dafür die Butter bei mittlerer Temperatur in einer großen Pfanne erhitzen. Ein bis zwei Eier über einer kleinen Rührschüssel aufschlagen, gut verrühren und salzen. Die Schinkennudeln in die Pfanne geben, die Eier darüber gießen und unter Rühren fest werden lassen (das geht schnell!).

- Man kann gedünstete Zwiebeln dazugeben: Dafür eine Zwiebel schälen und würfeln (siehe Seite 46), die Butter in einer Pfanne erhitzen und die Zwiebelwürfel darin bei mittlerer Temperatur und geschlossenem Deckel so lange anbraten, bis sie glasig aussehen. Dabei ab und zu umrühren. Die Würfel über die Schinkennudeln gießen.

- Man kann geriebenen Käse und/oder gehackte Petersilie über die Schinkennudeln streuen.

Nudeln aus dem Backofen

Nudelauflauf ...

Schinkenwürfel – so wird's gemacht:

Von der Schinkenscheibe den Fettrand (sofern sie einen hat) abschneiden. Die Scheibe in ungefähr 1 Zentimeter breite Streifen schneiden. Die Schinkenstreifen in kleine Würfel schneiden.

Für 3 Portionen braucht man:

250 g Penne

1 dicke Scheibe gekochten Schinken (150 g)

Fett für die Form (Butter oder Pflanzenöl)

¼ l Milch

3 Eier

Salz und Pfeffer

2 EL Semmelbrösel

1 EL Butter

1. Die Nudeln nicht zu weich kochen (siehe Seite 41).

2. Während die Nudeln kochen, den Schinken in kleine Würfel oder feine Streifen schneiden.

3. Den Backofen auf 180 Grad (Gas Stufe 2–3) vorheizen.

4. Eine Auflaufform mit Butter einfetten: Dazu ein Stück Butter auf ein Stück Pergamentpapier geben und die Form damit ausreiben. Oder: 1 Esslöffel Öl in die Form geben und mit einem Backpinsel verteilen.

5. Die fertigen Nudeln in ein Sieb abgießen und in die Auflaufform geben. Die Schinkenwürfel mit den Nudeln vermischen.

6. Milch und Eier in einer kleinen Schüssel miteinander verrühren und mit Salz und Pfeffer abschmecken. Über die Nudeln und den Schinken gießen.

7. Den Nudelauflauf mit Semmelbröseln bestreuen. Die Butter in Flöckchen auf dem Auflauf verteilen.

8. Den Nudelauflauf (mit Topfhandschuhen!) in den Backofen schieben und auf der mittleren Schiene etwa 45 Minuten backen, bis er braun und knusprig ist.

● Dazu passt hervorragend die schnelle Tomatensoße von Seite 43!

● Man kann den Auflauf auch mit Rigatoni oder Makkaroni zubereiten.

Nudeln aus dem Backofen

... und wie man ihn verändern kann

- Man kann eine kleine Zwiebel schälen und fein würfeln (siehe Seite 46) oder hacken und zusammen mit 4 Esslöffel geriebenem Käse (zum Beispiel Emmentaler oder Parmesan) unter die Nudeln und den Schinken mischen. Den Nudelauflauf wie links beschrieben (Schritt 6 bis 8) fertig stellen.

- Man kann statt gekochtem Schinken 100 Gramm Salami in Scheiben abwechselnd mit den Nudeln in die Auflaufform schichten.

- Man kann statt gekochtem Schinken Fleischreste jeder Art – zum Beispiel Hackfleisch oder Hühnerfleisch – abwechselnd mit den Nudeln in eine Auflaufform schichten.

- Man kann Tomaten würfeln, salzen und pfeffern oder mit Oregano würzen und mit den Nudeln und dem Schinken vermischen.

- Man kann den Auflauf statt mit Semmelbröseln mit Mozzarella überbacken. Dazu 1 bis 2 Kugeln Mozzarella in Scheiben schneiden oder würfeln und den Auflauf nach 20 Minuten Backzeit damit belegen.

- Man kann den Auflauf auch dick mit geriebenem Emmentaler, Butterkäse oder Gouda bestreuen. Parmesan eignet sich nicht so gut: Er wird leicht bitter.

- Man kann statt Penne oder Makkaroni Tortellini nehmen.

Tausendundein Nudelauflauf

Für Nudelauflauf gibt es tausendundeine Möglichkeit, der Fantasie sind hier keine Grenzen gesetzt. Eine Grundregel sollte man aber immer beachten: Werden Nudeln und Gemüse oder irgendetwas anderes abwechselnd in die Form geschichtet, sollte die letzte Schicht immer aus Nudeln sein, die man mit Semmelbröseln oder geriebenem Käse bestreut. Alles andere würde im heißen Ofen verbrennen.

Salate mit Nudeln

Nudelsalat mit Tomaten und Mozzarella

Essig-Öl-Marinade – so wird's gemacht:

1. Essig, Salz und Pfeffer in einer Schüssel mit einem kleinen Schneebesen verrühren.

2. Das Öl unter Rühren zufügen, bis eine cremige Soße entsteht. Nach Geschmack klein geschnittene Kräuter unterrühren.

Für 4 Portionen braucht man:

250 g Fusilli (Spiralnudeln)

3 Fleischtomaten

2 Mozzarellakugeln

1 Bund frisches Basilikum

Für die Soße:

2 EL Essig (z. B. Balsamico-Essig)

6 EL Öl

Salz, Pfeffer

1. Die Nudeln kochen (siehe Seite 41). Mit einer Suppenkelle eine Tasse Wasser vom Kochwasser abnehmen. Die Nudeln abgießen und mit kaltem Wasser abbrausen.

2. Die Tomaten waschen, die Stielansätze herausschneiden (siehe Seite 61), die Tomaten in Achtel schneiden. Diese quer in 2 bis 3 Stücke schneiden. Den Mozzarella in Würfel schneiden. Beides mit den abgekühlten Nudeln vermischen.

3. Essig, Salz und Pfeffer in einer kleinen Schüssel gut miteinander verrühren (siehe links). Das Öl hinzufügen und ebenfalls gut verrühren. Die Soße über den Salat gießen. Noch einmal gut mit Salz und Pfeffer abschmecken. Den Salat eine halbe Stunde durchziehen lassen.

4. Die Basilikumblättchen abzupfen. Größere Blätter klein schneiden, kleinere ganz lassen. Über den Salat streuen.

5. Wenn der Salat noch zu trocken ist, so viel von dem Kochwasser dazugeben, bis er genau richtig ist. Danach noch einmal mit Salz und Pfeffer abschmecken.

Und so kann man den Nudelsalat verändern:

● Man kann in Scheiben geschnittene und in Butter gebratene Champignons dazugeben.

● Statt Mozzarella kann man eine Dose abgetropften und zerteilten Thunfisch und zwei hart gekochte Eier, in Achtel geschnitten, an den Salat geben.

● Man kann statt Fusilli auch Rigatoni, Penne, Tortellini oder lange Spaghetti nehmen.

Salate mit Nudeln

Schmetterlingssalat

Für 4 Portionen braucht man:

250 g Farfalle (Schmetterlingsnudeln)

150 g tiefgekühlte Erbsen

150 g gekochten Schinken (in Scheiben geschnitten)

2 EL gehackte Kräuter (z. B. Petersilie oder Schnittlauch)

Für die Soße:

3 EL Mayonnaise

2 EL Naturjoghurt

2 EL Ketchup

3 EL Essig (z. B. Weißweinessig)

Salz, Pfeffer

1. Die Nudeln kochen (siehe Seite 41). Mit einer Suppenkelle eine Tasse Wasser vom Kochwasser abnehmen. Die Nudeln in ein Sieb abgießen und mit kaltem Wasser abbrausen.

2. In einem kleinen Topf 1/4 Liter Wasser zum Kochen bringen. Die tiefgekühlten Erbsen hineingeben und 3 Minuten auf mittlerer Stufe kochen.

3. Den Schinken in feine Streifen oder Würfel schneiden (siehe Seite 50).

4. Die Kräuter vorbereiten: Schnittlauch waschen und mit einem scharfen Messer oder einer Schere in Röllchen schneiden (siehe Seite 63). Petersilie ebenfalls kurz waschen, die Blätter von den Stielen zupfen und mit einem scharfen Messer auf einem Brettchen klein schneiden oder mit dem Zwiebelhacker hacken.

5. Nudeln, Schinken, Erbsen und Kräuter in einer großen Schüssel miteinander vermischen.

6. Die Zutaten für die Soße miteinander verrühren. Zu dem Nudelsalat geben und gut durchmischen. Den Salat eine halbe Stunde stehen lassen, dann schmeckt er besser!

7. Wenn der Salat zu trocken ist, noch etwas von dem Kochwasser dazugeben. Noch einmal mit Salz und Pfeffer abschmecken.

Und so kann man den Nudelsalat verändern:

● Man kann statt Schinken Salami und anstelle der Erbsen eine Dose Maiskörner nehmen. Zu diesem Rezept passen auch gut klein geschnittene Essiggurken.

● Man kann Käsewürfel dazugeben.

● Man kann statt Mayonnaise und Joghurt Crème fraîche nehmen. Ausprobieren, was besser schmeckt!

● Man kann 4 Esslöffel geriebenen Käse unter die Salatsoße rühren.

● Man kann statt Farfalle auch Fusilli, Penne oder Tortellini nehmen.

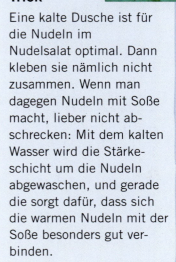

Christophs Trick

Eine kalte Dusche ist für die Nudeln im Nudelsalat optimal. Dann kleben sie nämlich nicht zusammen. Wenn man dagegen Nudeln mit Soße macht, lieber nicht abschrecken: Mit dem kalten Wasser wird die Stärkeschicht um die Nudeln abgewaschen, und gerade die sorgt dafür, dass sich die warmen Nudeln mit der Soße besonders gut verbinden.

Nudeln in der Suppe

Schnelle Nudelsuppe

Eine Brühe braucht man immer!

Pulver für Gemüse- oder Fleischbrühe gibt es im Glas (dann heißt es „gekörnte Brühe") oder zu Würfeln gepresst. Beides eignet sich prima zum Würzen von Suppen und Soßen!

So wird's gemacht:

1. In einem kleinen Topf so viel Wasser, wie man braucht, auf höchster Stufe zum Kochen bringen.

2. Wenn das Wasser kocht, den Topf von der Kochstelle ziehen und Brühpulver oder ein Stückchen Brühwürfel hineingeben und unter Rühren auflösen.

3. Probieren – wenn's noch nicht schmeckt, mehr Brühpulver hineingeben.

Für 1 Portion braucht man:

¼ l Gemüsebrühe

4 EL Suppennudeln (40 g, z. B. kleine Muscheln, Buchstaben oder Sternchen)

1. ¼ Liter Wasser in einem kleinen Topf zum Kochen bringen und eine Gemüsebrühe machen (siehe links).

2. Die Nudeln in die kochende Brühe geben und einmal aufkochen lassen. Die Temperatur auf mittlere Hitze herunterschalten.

3. Die Nudeln so lange kochen, wie es auf der Packung steht.

4. Die Nudelsuppe in einen tiefen Teller geben.

Und so kann man die Nudelsuppe verändern:

● Man kann ein Ei hineinrühren: Dazu den Topf mit der fertigen Nudelsuppe vom Herd ziehen, ein Ei hineinschlagen, gut verrühren und noch einmal ganz kurz erhitzen (nicht mehr kochen lassen, damit das Ei nicht zu sehr stockt).

● Man kann eine Handvoll tiefgekühlte Erbsen mitkochen.

● Man kann eine Tomate in kleine Stücke schneiden und ein paar Minuten mitgaren.

● Man kann eine Karotte schälen, in feine Streifen schneiden und ein paar Minuten mitgaren.

● Man kann gehackte Petersilie über die Suppe streuen.

● Man kann geriebenen Parmesan über die Suppe streuen.

Nudeln in der Suppe

Tomatensuppe mit Tortellini

Für 4 Portionen braucht man:

1 Zwiebel

1 Knoblauchzehe

2 EL Olivenöl

1 Tasse Gemüsebrühe (aus dem Würfel oder gekörnter Brühe, siehe Seite 54)

1 große Dose geschälte Tomaten (850 ml)

Salz, Pfeffer, 1 Prise Zucker

125 g Tortellini (am besten aus dem Kühlregal)

4 EL saure Sahne oder Crème fraîche

1. Die Zwiebel abziehen und hacken oder fein würfeln (siehe Seite 46).
2. Die Knoblauchzehe ebenfalls abziehen und hacken oder durch die Knoblauchpresse drücken (siehe rechts).
3. Eine Tasse Wasser aufkochen und daraus eine Gemüsebrühe zubereiten (siehe Seite 54).
4. Das Olivenöl bei mittlerer Temperatur in einem mittelgroßen Topf erhitzen. Zwiebel- und Knoblauchwürfel dazugeben und kurz anbraten. Dabei rühren, damit sie nicht braun werden!
5. Die Gemüsebrühe dazugießen. Die Tomaten samt Saft ebenfalls dazugeben und alles zusammen einmal aufkochen lassen.
6. Den Topf von der Herdplatte ziehen und die Suppe mit dem Pürierstab pürieren. Mit Salz, Pfeffer und Zucker abschmecken.
7. In einem Topf mindestens 2 Liter Wasser zum Kochen bringen. 2 Teelöffel Salz hinzufügen. Die Tortellini darin nach den Anweisungen auf der Packung so lange kochen, bis sie weich sind.
8. Die Tortellini abgießen und das Kochwasser abschütten. Die Tortellini in die Suppe geben.
9. Die Suppe auf vier Teller verteilen und einen Klecks saure Sahne oder Crème fraîche obendrauf geben.

Knoblauch zerkleinern – so wird's gemacht:

1. Die Spitze und den Wurzelansatz abschneiden. Die Schale mit einem Messer abziehen.

2. Die Knoblauchzehe mit einem Messer grob oder fein hacken.

3. Oder die abgezogene Knoblauchzehe durch eine Knoblauchpresse drücken.

Süßer Nudelauflauf mit Äpfeln

Äpfel entkernen – so wird's gemacht:

1. Die gewaschenen Äpfel mit einem Küchenmesser vierteln. Den Stiel und das Kerngehäuse herausschneiden. Die Viertel mit dem Messer oder einem Kartoffelschäler schälen.

2. Oder die gewaschenen Äpfel mit einem Kernausstecher vom Kerngehäuse befreien. Die Äpfel mit einem Kartoffelschäler schälen.

Für 4 Portionen braucht man:

300 g kurze Nudeln (zum Beispiel Hörnchennudeln)
3 EL Rosinen (50 g)
½ Tasse Wasser
3 Eier
100 g Zucker
1 EL Vanillezucker
Zimt
500 g Quark
4 mittelgroße Äpfel
3 EL gehackte Haselnüsse
2 EL weiche Butter

1. Die Nudeln kochen und abgießen (siehe Seite 41). Die Rosinen in einer halben Tasse Wasser einweichen.

2. Die Eier trennen (siehe Seite 16). Eigelbe und Eiweiße in verschiedene Rührschüsseln geben.

3. Die Eigelbe, 5 Esslöffel Zucker, Vanillezucker und eine Prise Zimt mit den Quirlen des Handrührgeräts so lange rühren, bis sie schaumig sind. Den Quark nach und nach hinzufügen. Den Backofen auf 180 Grad (Gas Stufe 2–3) vorheizen.

4. Die Äpfel vierteln und das Kerngehäuse herausschneiden (siehe links). Die Äpfel schälen. Die Viertel in Achtel, die Achtel quer in dünne Scheiben schneiden.

5. Äpfel, Rosinen (samt Einweichwasser), gehackte Nüsse und Nudeln mit der Eigelb-Quark-Masse in einer Schüssel vermischen.

6. Die Eiweiße mit dem restlichen Zucker steif schlagen (siehe Seite 18) und unter die Nudelmasse heben.

7. Eine Auflaufform mit 1 Esslöffel Butter gut ausfetten. Die Nudelmasse in die Auflaufform füllen.

8. Die restliche Butter in kleinen „Flöckchen" auf den Auflauf geben.

9. Die Form (mit Topfhandschuhen!) in den Backofen schieben und den Auflauf 40 Minuten lang backen, bis er oben goldbraun ist.

Schnelle Soße

Rosa Blitzsoße

Für 4 Portionen braucht man:

1 **Tasse Milch**
1 **Tasse Sahne**
2 **EL Tomatenmark**
1 **EL Tomatenketchup**
1 **EL Crème fraîche**
Salz, Pfeffer

1. Die Milch, die Sahne, das Tomatenmark und das Ketchup in einen kleinen Topf geben und alles mit einem Schneebesen gut miteinander verrühren.

2. Die Soße auf höchster Stufe aufkochen lassen.

3. Den Topf mit der Soße von der Herdplatte ziehen und die Crème fraîche mit dem Schneebesen darunter rühren.

4. Die Soße vorsichtig mit Salz und Pfeffer abschmecken.

● Diese Soße lässt sich beliebig abwandeln: Man kann sie nur mit Sahne machen, man kann das Ketchup oder das Tomatenmark weglassen, wenn keines da ist – ganz nach Kühlschrank, Lust und Laune.

● Sie passt zu allen Nudeln: kurzen, langen (zum Beispiel Spaghetti, siehe Foto), dicken, dünnen und gefüllten.

● Wer die Soße noch ein bisschen aufpeppen will: Auf jede Portion Nudeln mit Blitzsoße ein Stück Butter und ein paar Basilikumblätter geben. Oder: geriebenen Käse darüber streuen.

Warum der Kürbis so orange ist

Um es gleich vorwegzunehmen: Der Kürbis ist nicht deshalb so orange, damit er besonders schön aussieht, sondern weil das Orange den Kürbis schützt. Und nicht nur den Kürbis.

Für alles, was in der Natur in den schönsten Orange-, Rot- und Gelbtönen leuchtet – zum Beispiel Karotten, Aprikosen, rote und gelbe Paprika, Eidotter, Lachsfleisch oder buntes Herbstlaub – sind Pflanzenfarbstoffe verantwortlich: die so genannten Carotinoide.

Natürlich ist der Sinn der Carotinoide nicht, uns mit leuchtenden Farben zu erfreuen. Eine ihrer wichtigsten Aufgaben ist es vielmehr, die Pflanzen vor den so genannten „Freien Radikalen" zu schützen. Das sind aggressive Sauerstoffverbindungen, die überall herumschwirren und (so wie Sauerstoff ja auch Metall rosten lässt) viel Schaden in der Natur anrichten würden – wenn da nicht zum Beispiel die Carotinoide wären, die die Freien Radikale abfangen, bevor sie ihr zerstörerisches Werk vollenden können.

Tja. Und jetzt kommt's. Die Freien Radikale können nämlich nicht nur Pflanzen schaden, sondern auch uns. Den Menschen. Wer über einen längeren Zeitraum zu wenig Obst und Gemüse isst, wird leichter krank, behaupten die Ernährungswissenschaftler. Manche glauben sogar: sehr krank. Denn genau davor schützen uns unter anderem jene Carotinoide (allen voran das Beta-Carotin), die sich massenhaft in Obst und Gemüse befinden. Nur: Anschauen allein genügt nicht ...

Übrigens: Die ersten Carotinoide wurden bereits 1831 entdeckt – und zwar in der Karotte. Von der die Carotinoide natürlich ihren Namen haben.

Vielseitiges Gemüse

Gemüsemuffel herhören!

So höhlt man einen Kürbis aus:

1. Mit einem spitzen, scharfen Messer auf der Stielseite einen Deckel abschneiden. Die Kerne und weichen Fasern mit einem Esslöffel aus dem Kürbis und dem Deckel herauslösen.

2. Mit dem Messer Dreiecke für die Augen und einen Kreis für die Nase ausschneiden. Für den Mund zuerst einen langen Schlitz in den Kürbis schneiden, dann ober- und unterhalb des Schlitzes die Zähne zum Beispiel als Dreiecke ausschneiden.

3. Zum Schluss ein Teelicht in den Kürbis stellen, das Teelicht anzünden und den Deckel wieder aufsetzen.

Gemüse? Mag ich nicht ...

Wirklich nicht? Schade eigentlich! Denn Gemüse in jeder Form gehört – Tatsache! – zu jenen essbaren Lebensmitteln, die garantiert nie langweilig werden.

Jedem sein Lieblingsgemüse

Erstens: Es gibt so viele verschiedene *Gemüsesorten*, dass sich nun wirklich jeder sein ganz persönliches Lieblingsgemüse heraussuchen kann. Zum Beispiel Gurken. Oder Pilze. Oder Maiskolben. Oder Paprika. Und so weiter.

Gekocht, gebraten, gebacken

Zweitens: Es gibt so viele verschiedene *Zubereitungsarten*, dass mit Sicherheit für jeden Geschmack etwas dabei ist. Gemüse kann man roh essen. Man kann es kochen. Man kann es braten. Man kann es grillen. Man kann es überbacken. Außerdem braucht man Gemüse, um sich zum Beispiel einen leckeren Hamburger zu machen (siehe Seite 84). Oder eine Pizza Quattro Stagioni (siehe Seite 79). Oder um einen langweiligen Nudelauflauf ein bisschen spannend zu machen.

Was gesund ist, muss auch schmecken!

Gemüse ist gesund. Ja, ja. Das kann auch kein Mensch mehr hören. Am besten vergisst man es einfach und isst gebratene Pilze, gegrillte Maiskolben oder rohe Paprika, weil es schmeckt. Und nicht, weil es gesund ist.

Am besten frisch und knackig

Tipp für Feinschmecker: Möglichst frisches Gemüse essen. Es schmeckt nämlich am allerbesten. Möhren, die schon ewig im Kühlschrank herumlungern, sind nicht mehr knackig, welker Salat ist kein Hochgenuss. Und Vitamine sind auch nicht mehr viele drin, weil die sich im Laufe der Zeit verflüchtigen. In diesem Sinne: hinein ins Gemüse-Vergnügen!

Auf die richtige Vorbereitung kommt's an

1. Die Möhre mit dem Kartoffelschäler schälen.

2. Von der geschälten Möhre den Wurzel- und den Blattansatz abschneiden.

3. Die Möhre quer in Stücke schneiden, die Stücke längs teilen. Oder: Die Möhre quer in dünne Scheiben schneiden.

1. Tomate waschen. Mit einem Messer den Stielansatz herausschneiden. Für Salat in Scheiben oder Achtel schneiden.

2. Zum Entkernen die Tomaten quer halbieren, die Kerne mit einem Teelöffel entfernen.

3. Die entkernten Tomaten vierteln und – zum Beispiel für Quark – in kleine Würfel schneiden.

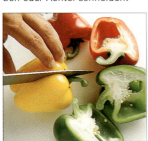

1. Die gewaschenen Paprikaschoten längs halbieren.

2. Mit einem Messer die Kerne und weiße Innenhäute entfernen.

3. Für gefüllte Paprika: Am Stielansatz einen Deckel abschneiden. Kerne und weiße Innenhäute entfernen.

1. Die Blätter des Blumenkohls entfernen. Den Blumenkohl waschen.

2. Die einzelnen Blumenkohlröschen mit einem Messer vom Strunk abschneiden.

3. Die Blumenkohlröschen unten kreuzweise einschneiden, damit sie gleichmäßiger gar werden.

Viele Gemüse muss man putzen

Genauer gesagt: man muss sie von Erdresten, Wurzeln, Stielen und anderen ungenießbaren Teilen befreien.

Viele Gemüse muss man waschen

Und zwar gründlich, denn viel von dem Umweltschmutz, den wir täglich produzieren, findet sich auch im Gemüse – zum Beispiel Blei von Autoabgasen.

● Gemüse rasch unter fließendem Wasser waschen, sonst werden wichtige Vitamine ausgewaschen.

● Gemüse immer erst nach dem Waschen und kurz vor der Zubereitung zerkleinern: Zerkleinertes Gemüse, das lange herumliegt, verliert – an der Luft – ebenfalls viele Vitamine.

Viele Gemüse muss man schälen

Zum Beispiel Möhren, Zwiebeln oder Rettich. Die Schale ist bei vielen Gemüsen nur Schutz, essen kann man sie nicht.

● Gemüse mit einer dünnen Schale (wie Möhren, Rettich oder Gurken) nur dünn schälen, am besten mit einem Kartoffelschäler.

● Gemüse mit einer dicken Schale (wie Kohlrabi oder Sellerie) dick schälen. Sonst schmeckt das Gemüse leicht holzig.

Gemüse zum Knabbern

Gemüse aus der Hand ...

Sehr viele Gemüse kann man roh essen!

Zum Beispiel Tomaten, Radieschen, Champignons, Rettich, Avocado, Möhren, Sellerie, Kohlrabi ...
Das hängt ganz von der Jahreszeit ab. Am besten lässt man sich im Supermarkt oder in einem guten Gemüseladen inspirieren.

Für 4 Portionen braucht man:

4 Möhren
2 Kohlrabi
½ kleinen Blumenkohl
1 gelbe Paprikaschote
1 rote Paprikaschote
1 großes Stück Salatgurke

1. Möhren putzen, mit einem Kartoffelschäler schälen und in gut essbare Streifen schneiden (siehe Seite 61).

2. Kohlrabi putzen, ebenfalls dick mit einem Kartoffelschäler schälen und in gut essbare Streifen schneiden.

3. Den Blumenkohl putzen, waschen und in kleine Röschen teilen (siehe Seite 61). Die Stiele abschneiden: Man kann sie nicht roh essen.

4. Die Paprikaschoten waschen und halbieren. Den Stielansatz und die weißen Innenhäute herausschneiden, die Kerne entfernen. Jede Hälfte der Länge nach in vier Streifen schneiden.

5. Die Gurke schälen oder gründlich waschen und den Stielansatz abschneiden. Die Gurke in nicht zu dicke Scheiben schneiden.

6. Das vorbereitete Gemüse auf einem Teller anrichten und einen oder mehrere „Dips" dazustellen, in den man das rohe Gemüse hineintunken kann (siehe rechts).

Gemüse zum Knabbern

... und Dips dazu

Kräuterfrischkäse mit Joghurt

Für 4 Portionen braucht man:

1/2 Packung Kräuterfrischkäse (125 g)
1/2 Becher Naturjoghurt (125 g)
Salz, Pfeffer
etwas Zitronensaft

Den Frischkäse mit dem Joghurt in einer kleinen Schüssel zu einer glatten Creme verrühren oder mit dem Pürierstab pürieren. Mit Salz, Pfeffer und Zitronensaft abschmecken.

Tomaten-Schnittlauchquark

Für 4 Portionen braucht man:

250 g Quark
2 EL saure Sahne
Salz, Pfeffer
2 Tomaten
1/2 Bund Schnittlauch

Den Quark mit der sauren Sahne in einer kleinen Schüssel verrühren und mit Salz und Pfeffer abschmecken. Die Tomaten waschen und den Stielansatz herausschneiden (siehe Seite 61). Die Tomaten würfeln: Zuerst in Viertel, dann in Achtel, und diese in drei bis vier Teile schneiden. Die Tomatenwürfel mit der Quarkmasse verrühren. Den Schnittlauch mit einem scharfen Messer oder einer Schere in kleine Röllchen schneiden (siehe rechts) und ebenfalls zu dem Quark geben.

Avocadocreme

Für 4 Portionen braucht man:

2 weiche Avocados
Saft von 1 kleinen Zitrone
2 EL Sahne
Salz, Pfeffer

Die Avocados halbieren und den Kern entfernen. Mit einem Teelöffel das Fruchtfleisch von der Schale lösen und in einen tiefen Teller geben. Die Zitrone auspressen und den Saft zum Avocadofleisch geben. Die Sahne ebenfalls dazugeben und alles mit einer Gabel gut zerdrücken. Mit Salz und Pfeffer abschmecken.

● Auch der Kräuterquark von Seite 24 passt zu rohem Gemüse oder auch der Tomatenquark von Seite 33. Natürlich kann man auch selbst einen interessanten Dip erfinden ...

Schnittlauchröllchen – so wird's gemacht:

Den Schnittlauchbund unter fließend kaltem Wasser waschen, dann gründlich abschütteln. Den Schnittlauch auf einem Brettchen mit einem scharfen Messer in Röllchen schneiden. Oder: Den Schnittlauch in die Hand nehmen und mit einer Küchenschere in Röllchen schneiden.

Salate

Tomatensalat mit Rucola

Rucola heißt auf Deutsch Rauke...

und wächst wild in Italien. Es ist ein sehr würziger Salat, den es mittlerweile auch bei uns in den meisten Supermärkten zu kaufen gibt. Er schmeckt nicht nur mit Tomaten sehr gut, sondern auch gemischt mit allen möglichen Blattsalaten.

Für 4 Portionen braucht man:

8 mittelgroße Tomaten

1 Bund Rucola

Für die Soße:

2 EL Essig (am besten Balsamico-Essig)

Salz, Pfeffer

4 EL Öl (z. B. Olivenöl)

1. Die Tomaten waschen und die Stielansätze entfernen (siehe Seite 61). Die Tomaten in Scheiben schneiden, in eine Schüssel geben, vorsichtig salzen und vermischen.

2. Den Rucola im Spülbecken gründlich waschen und in einem Sieb abtropfen lassen. Jetzt den Rucola putzen: Schlechte Blätter aussortieren und zu dicke Stengel abschneiden. Die Rucolablätter in gut essbare Stücke schneiden oder reißen und zu den Tomaten in die Schüssel geben.

3. In einer kleinen Schüssel Essig, 3 Prisen Salz und etwas Pfeffer gut verrühren, dann das Olivenöl dazugeben und ebenfalls gut verrühren.

4. Die Soße über den Salat geben und alles gut vermischen.

Und so kann man Tomatensalat verändern:

● Wer Parmesan liebt: Ein Stück Parmesan mit einem Messer in sehr kleine Stücke schneiden und über den Salat geben.

● Wer keinen Rucola mag, kann die Tomaten in Achtel oder noch kleiner schneiden, eine Kugel Mozzarella in Würfel schneiden und alles gut miteinander vermischen. Tipp: Basilikumblätter darüber streuen.

● Man kann statt Rucola auch in Scheiben geschnittene Avocado unter den Tomatensalat mischen: Dazu eine mittelgroße Avocado mit einem scharfen Messer schälen, den Kern entfernen und die Avocadohälften in Scheiben schneiden. Sofort unter den Salat mischen, damit die Avocado nicht braun wird.

Salate

Gurkensalat mit Fleischwurst und Käse

Für 4 Portionen braucht man:

1 Salatgurke

1 Zwiebel

2 Tomaten

200 g Fleischwurst am Stück

100 g Schnittkäse (z. B. Emmentaler, in Scheiben geschnitten)

1 Bund Schnittlauch

Für die Soße:

Salz, Pfeffer

1 TL Senf

2 EL Essig (am besten Apfelessig)

2 EL Wasser

3 EL Öl (z. B. Sonnenblumenöl)

1. Die Gurke schälen oder gründlich waschen und in dünne Scheiben schneiden. Das geht am besten mit einem Gurkenhobel. Die Gurkenscheiben in eine Schüssel geben.

2. Die Zwiebel abziehen und in hauchdünne Ringe schneiden (siehe Seite 27). Das geht auch sehr gut mit einem Gurkenhobel. Die Zwiebelringe zu den Gurkenscheiben geben.

3. Die Tomaten gründlich waschen, halbieren und den Stielansatz entfernen (siehe Seite 61). In Viertel, dann in Achtel schneiden und ebenfalls in die Schüssel geben.

4. Von der Fleischwurst die Wurstpelle entfernen. Die Wurst in dünne Scheiben schneiden.

5. Die Rinde vom Käse ringsum abschneiden. Den Käse zuerst in etwa 1 cm dicke Streifen schneiden, die Streifen in Würfel schneiden. Wurstscheiben und Käsewürfel zu den anderen Zutaten in die Schüssel geben.

6. In einer Tasse 3 Prisen Salz, Pfeffer, Senf und Essig gut miteinander verrühren, dann Wasser und Öl dazugeben und ebenfalls gut verrühren. Die Soße über den Salat geben und alles gut vermischen.

Christophs Trick

Essig und Öl verbinden sich nicht besonders gut miteinander. Am besten gibt man die Zutaten für eine Salatsoße in ein fest verschließbares Gefäß, zum Beispiel in ein kleines Marmeladenglas. Das Glas mit dem Deckel fest verschließen und alles gut durchschütteln. Wenn man die Soße eine Weile stehen lässt: Noch einmal durchschütteln, bevor man sie an den Salat gibt!

Salate

Gemischter Salat ...

Salat putzen – so wird's gemacht:

1. Den Salatkopf in einzelne Blätter zerteilen. Welke Blätter wegwerfen.

2. Salatblätter in einer großen Schüssel oder im Spülbecken in kaltem Wasser gut waschen und gleich wieder herausnehmen.

3. Salat in einer Salatschleuder trocknen oder in einem Sieb gut abtropfen lassen. Dann den Salat in mundgerechte Stücke teilen.

Für 4 Portionen braucht man:
1 mittelgroßen Blattsalat (z. B. Kopfsalat, Eichblatt- oder Eissalat)
4 Frühlingszwiebeln (wer mag)
1 Tomate
1 mittelgroße Möhre
1 großes Stück Salatgurke

Für die Soße:
2 EL Essig (am besten Balsamico-Essig)
1 TL Senf
Salz, Pfeffer
6 EL Öl
1/2 Bund Schnittlauch

1. Vom Salat die äußeren, welken Blätter entfernen. Kaltes Wasser in das Spülbecken einlassen. Die restlichen Salatblätter ablösen und rasch in dem Wasser waschen. Gleich wieder herausnehmen (sonst werden Vitamine herausgespült) und in ein Sieb geben. Gut abtropfen lassen. Die Blätter in gut essbare Stücke zupfen.

2. Von den Frühlingszwiebeln die Wurzeln abschneiden. Das Weiße und ein bisschen von dem Grün in feine Streifen schneiden.

3. Die Tomate waschen und den Stielansatz herausschneiden (siehe Seite 61). Die Tomate in Achtel schneiden.

4. Die Wurzel und das Grün von der Möhre abschneiden. Mit einem Sparschäler schälen (siehe Seite 61) und in dünne Scheiben schneiden.

5. Die Gurke sehr gut waschen und den Stielansatz abschneiden. Gurke in dünne Scheiben schneiden, am besten mit einem Gurkenhobel.

6. Salatblätter, Frühlingszwiebeln, Tomatenachtel, Möhren- und Gurkenscheiben in einer Schüssel mischen.

7. Essig, Senf, Salz und Pfeffer in einer Tasse verrühren, bis sich das Salz aufgelöst hat. Das Öl hinzufügen und rühren, bis sich alle Zutaten gut miteinander vermischt haben. Die Soße über den Salat geben und den Salat gut durchmischen.

8. Den Schnittlauch waschen, mit einem scharfen Messer (siehe Seite 63) oder einer Schere in kleine Röllchen schneiden und über den Salat streuen.

Salate

... und wie man ihn verändern kann

● Mit Joghurtsoße

Statt der Essig-Öl-Soße: 4 bis 5 Esslöffel Joghurt (oder Sauerrahm oder Dickmilch oder Crème fraîche) mit 1/4 Teelöffel Senf, 2 bis 3 Esslöffel Zitronensaft und 2 Esslöffel Öl zu einer glatten Soße verrühren. Mit Salz und Pfeffer abschmecken und über den Salat geben.

● Mit Thunfisch und Ei

2 Eier hart kochen, pellen und würfeln. Den Thunfisch (aus der Dose) mit einer Gabel in gut essbare Stücke zerteilen. Den Salat mit der Soße vermischen, Thunfisch und die Eierwürfel auf den Salat geben.

● Mit Schinken und Käse

3 dünn geschnittene Scheiben rohen oder gekochten Schinken (80 Gramm) zuerst halbieren, die Hälften quer in dünne Streifen schneiden.
3 Scheiben Hartkäse (100 Gramm, zum Beispiel Emmentaler) ebenfalls in dünne Streifen oder Würfel schneiden und über den Salat geben.

● Mit Schafskäse und Oliven

100 Gramm Schafskäse in Würfel schneiden. Zusammen mit einer Handvoll schwarzer Oliven unter den Salat mischen.

● Mit Äpfeln und Nüssen

Einen Apfel schälen, vierteln und das Kerngehäuse ausschneiden. Die Apfelviertel in dünne Scheiben schneiden und mit dem Salat vermischen. 2 bis 3 Esslöffel gehackte Nüsse (zum Beispiel Haselnüsse, Walnüsse oder Mandeln) darüber streuen.

● Mit Orangen und Sonnenblumenkernen

Eine Orange schälen und mit einem scharfen Messer längs halbieren. Die Hälften in dünne Scheiben schneiden. Die Scheiben mit dem Salat vermischen. 2 Esslöffel Sonnenblumenkerne darüber streuen.

● Mit gerösteten Brotwürfeln

2 Scheiben Toastbrot in kleine Würfel schneiden. Etwas Öl auf mittlerer Stufe in einer Pfanne erhitzen, die Würfel dazugeben und so lange braten, bis sie goldbraun sind. Dabei immer wieder rühren! Tipp: Es gibt bereits fertige geröstete Brotwürfel zu kaufen.

> **Christophs Trick**
>
> Nüsse und Kerne im Salat schmecken noch besser, wenn man sie vorher anröstet: 1 Teelöffel Öl in einer beschichteten Pfanne erhitzen, gehackte Kerne oder Nüsse hineingeben und auf mittlerer Stufe so lange rösten, bis sie duften. Immer wieder umrühren, damit die Kerne nicht braun werden! Gleich über den Salat streuen – frisch geröstet schmecken sie am besten!

Gemüse aus dem Ofen

Überbackener Blumenkohl mit Käsesoße

Wie diesen Blumenkohl …

kann man fast jedes Gemüse überbacken. Es sollte allerdings nach dem Putzen und Zerkleinern immer in Salzwasser vorgekocht werden – harte Gemüse wie Möhren etwa 5 Minuten, weiche wie Zucchini nur etwa 2 Minuten lang. Auch ein gemischter Gemüseauflauf aus Möhren, Zucchini und Champignons ist ein köstlicher Gemüsegenuss!

Für 4 Portionen braucht man:

1 mittelgroßen Blumenkohl

Salz

200 g gekochten Schinken (in Scheiben geschnitten)

100 g geriebenen Hartkäse (z. B. Emmentaler oder Parmesan)

Butter für die Form

200 g Crème fraîche

¼ l Milch

1 EL Paniermehl

1. In einem mittelgroßen Topf reichlich Wasser zum Kochen bringen.

2. Den Blumenkohl putzen, waschen, in Röschen teilen (siehe Seite 61). Den Stiel in Würfel schneiden.

3. Das kochende Wasser salzen, Blumenkohlröschen und gewürfelte Stiele hineingeben. Einmal aufkochen lassen, dann auf mittlere Stufe herunterschalten. Das Wasser soll noch gut kochen.

4. Den Blumenkohl in etwa 7 Minuten nicht zu weich kochen, da er im Ofen noch weicher wird.

5. Den Schinken vom Fettrand befreien (wenn er einen hat) und in Würfel schneiden (siehe Seite 50). Den Käse auf der feinen Seite einer Küchenreibe reiben.

6. Den fertigen Blumenkohl in ein Sieb abgießen. Den Backofen auf 220 Grad (Gas Stufe 4–5) vorheizen.

7. Eine Auflaufform dick mit Butter einfetten. Abwechselnd Blumenkohl und Schinkenwürfel hineingeben.

8. Crème fraîche, Milch und geriebenen Käse in einer Schüssel miteinander verrühren und gleichmäßig über dem Blumenkohl verteilen. Mit dem Paniermehl bestreuen.

9. Den Blumenkohl (mit Topfhandschuhen!) auf die mittlere Schiene des Backofens schieben und 20 Minuten backen, bis er goldbraun ist.

● Dazu schmecken gut Pellkartoffeln (siehe Seite 24).

Buntes Gemüseblech

Für 4 Portionen braucht man:

1 gelbe Paprikaschote

1 rote Paprikaschote

1 Zucchini

200 g Champignons

2 Tomaten

4 EL Olivenöl

Salz

getrocknete Kräuter (z. B. Oregano oder Kräuter der Provence)

1. Die Paprikaschoten waschen und halbieren. Den Stielansatz und die weißen Innenhäute herausschneiden (siehe Seite 61) und jede Paprikahälfte der Länge nach in vier Teile schneiden.

2. Die Zucchini gründlich waschen, die beiden Enden abschneiden und die Zucchini der Länge nach in dünne Scheiben schneiden.

3. Den Backofen auf 180 Grad (Gas Stufe 3) vorheizen.

4. Die Champignons säubern (siehe rechts) und einen halben Zentimeter vom Stiel abschneiden.

5. Die Tomaten waschen, den Stielansatz herausschneiden (siehe Seite 61) und in Viertel schneiden.

6. Ein Backblech oder eine flache Auflaufform mit Olivenöl einfetten: Dazu 1 Esslöffel Öl auf das Blech oder in die Form geben und das Öl mit einem Backpinsel oder einem Stück Pergamentpapier verteilen.

7. Das Gemüse nebeneinander auf das Blech legen. Salzen (am besten mit einem Salzstreuer), mit dem restlichen Olivenöl beträufeln und nach Geschmack die getrockneten Kräuter darüber streuen.

8. Das Blech mit dem Gemüse in den Backofen schieben (mit Topfhandschuhen!) und 15 bis 20 Minuten backen, so lange, bis es anfängt braun zu werden.

Christophs Trick

Champignons saugen sich schnell mit Wasser voll, wenn man sie wäscht. Deshalb ist es besser, sie einfach mit einem Backpinsel oder etwas Küchenkrepp von der Erde zu befreien. Da es sich meist um Zuchtpilze handelt, die nicht im Freien wachsen, sind sie auch nicht besonders schmutzig. Es genügt also, sie so zu putzen.

Gemüse aus dem Ofen

Gefüllte Paprikaschoten ...

Paprika füllen – so wird's gemacht:

1. Von den Paprikaschoten einen Deckel abschneiden. Die Kerne und die weißen Innenhäute entfernen.

2. Die Hackfleisch-Reis-Masse in die Paprikaschoten füllen und die Deckel wieder auflegen.

3. Die Paprikaschoten in die Auflaufform mit den Tomatenstücken setzen und die Auflaufform in den Backofen schieben.

Für 4 Portionen braucht man:

4 große Paprikaschoten

Für die Füllung:

3 EL Langkornreis

1 kleine Zwiebel

400 g Hackfleisch (halb Rind-, halb Schweinefleisch)

1 Ei

1 EL Paprikapulver (edelsüß)

Salz, Pfeffer

Für die Soße:

250 g Tomatenstücke aus der Packung

1 TL Tomatenmark

1/2 Tasse Gemüsebrühe (aus dem Würfel oder gekörnter Brühe, siehe Seite 54)

1. In einem Topf 1/4 Liter Wasser zum Kochen bringen, vorsichtig salzen, den Reis hineingeben. Auf kleiner Stufe 15 bis 20 Minuten kochen lassen.

2. Paprikaschoten waschen, einen Deckel abschneiden und putzen.

3. Den Backofen auf 180 Grad (Gas Stufe 2–3) vorheizen. Den Reis in ein Sieb abgießen.

4. Die Zwiebel abziehen und fein würfeln (siehe Seite 46) oder mit einem Zwiebelhacker hacken.

5. Zwiebeln, Hackfleisch, Ei, Paprikapulver, Salz und Pfeffer in einer Schüssel gut vermischen (geht am besten mit den Händen!). Den gekochten Reis darunterkneten. Den Fleischteig in die Paprikaschoten füllen und mit den Deckeln verschließen.

6. Die Tomatenstücke in eine große Auflaufform geben und mit der Gemüsebrühe und dem Tomatenmark verrühren, salzen und pfeffern.

7. Die Paprikaschoten in die Auflaufform setzen und jede Schote mit 1 Esslöffel Soße übergießen.

8. Die Form (mit Topfhandschuhen!) in den Backofen auf die mittlere Schiene schieben und die Paprikaschoten 40 Minuten garen.

Gemüse aus dem Ofen

... und was man sonst noch füllen kann

Gefüllte Tomaten

Für 4 Portionen braucht man:

8 Fleischtomaten

1 Rezept Füllung (siehe links)

1 Rezept Soße (siehe links)

Die Tomaten waschen und am Stielansatz einen Deckel abschneiden. Mit einem kleinen Löffel das Fruchtfleisch herausnehmen und aufheben. Die Tomaten von innen leicht salzen und füllen. Das Tomatenfruchtfleisch unter die Soße mischen. Alles in die Auflaufform geben. Die gefüllten Tomaten 25 Minuten garen.

● Dazu passt gut Reis.

Gefüllte Zucchini (siehe Foto)

Für 4 Portionen braucht man:

4 Zucchini

1 Rezept Füllung (siehe links)

1 Rezept Soße (siehe links)

Die Zucchini gründlich waschen und die Stiel- und Blütenansätze abschneiden. Die Zucchini längs halbieren und mit einem kleinen Löffel das Fruchtfleisch herauskratzen. Das Fruchtfleisch mit der Hackfleischfüllung vermischen. Die Zucchini innen leicht salzen und füllen. Die Soße in einer Auflaufform anrühren und die Zucchini darauf setzen. Die Zucchini 30 Minuten garen.

● Dazu passt gut Reis.

Gefüllte Gurken

Für 4 Portionen braucht man:

2 Gurken

1 Rezept Füllung (siehe links)

$1/2$ Tasse Gemüsebrühe (aus dem Würfel oder gekörnter Brühe, siehe Seite 54)

$1/2$ Tasse Sahne

Die Gurken schälen. Stiel- und Blütenansätze abschneiden und die Gurken längs halbieren. Mit einem kleinen Löffel die Kerne und das wässrige Fruchtfleisch entfernen. Die Gurken innen leicht salzen und füllen. In eine flache Auflaufform setzen und Gemüsebrühe und Sahne dazugießen. Die gefüllten Gurken etwa 30 Minuten garen.

● Dazu passen gut Salzkartoffeln.

Christophs Trick

Man kann auch große Champignons, Kohlrabi oder Auberginen füllen – erlaubt ist, was schmeckt. Geheimrezept: Das gefüllte Gemüse – kurz bevor es fertig ist – noch mit geriebenem Käse bestreuen oder mit Mozzarellascheiben belegen.

Gemüsesuppe

Nudel-Gemüse-Eintopf mit Würstchen

Armins Tipp

Gemüsesuppe lässt sich unendlich variieren. Was hineinkommt, richtet sich nach der Jahreszeit, dem Supermarkt oder was man gerade im Kühlschrank hat. Wenn's mal ganz schnell gehen soll: Einfach tiefgefrorenes Suppengemüse verwenden. Schmeckt auch sehr gut!

Für 4 Portionen braucht man:

3 Möhren (200 g)
2 kleine Zucchini
1 mittelgroßen Kohlrabi
1 Stück Knollensellerie
4 Frühlingszwiebeln
1 gelbe Paprikaschote
2 EL Öl
¾ l Gemüsebrühe (aus dem Würfel oder gekörnter Brühe, siehe Seite 54)
100 g tiefgefrorene Erbsen
200 g Suppennudeln
4 Wiener Würstchen

1. Die Möhren putzen, schälen (siehe Seite 61) und in dünne Scheiben schneiden.

2. Die Zucchini waschen, Stiel- und Blütenansätze abschneiden und wie die Möhren in Scheiben schneiden.

3. Den Kohlrabi dick mit dem Messer schälen, vierteln und die Viertel in Scheiben schneiden. Sellerieknolle ebenfalls dick schälen und in kleine Würfel schneiden. Die Frühlingszwiebeln waschen und das Weiße sowie etwas von dem Grün in Scheiben schneiden.

4. Die Paprikaschote waschen, halbieren, Stielansatz, Kerne und weiße Innenhäute entfernen (siehe Seite 61). Die Hälften in Streifen schneiden und diese quer halbieren.

5. Das Öl in einem Topf auf mittlerer Stufe erhitzen, das Gemüse dazugeben und 10 Minuten braten. Dabei rühren: Es darf nicht braun werden.

6. Die Gemüsebrühe dazugießen und zum Kochen bringen. Die Suppe zugedeckt etwa 20 Minuten kochen.

7. Die Erbsen und die Nudeln dazugeben und so lange weiter kochen, bis die Nudeln gar sind (Kochzeit steht auf der Nudelpackung!).

8. Die Würstchen in Scheiben schneiden. Die Suppe von der Herdplatte ziehen und die Wurstscheiben darin warm werden lassen. Nicht mehr kochen – sonst platzen sie!

Gemüse aus der Pfanne

Gemüse-Hühner-Spieße

Für 4 Portionen braucht man:

2 doppelte Hähnchenbrustfilets
1 rote Paprikaschote
1 gelbe Paprikaschote
1 kleine Zucchini
12 kleine Champignons
4 Schaschlikspieße
4 EL Öl
Salz, Pfeffer

Super-Maus-Rezept

1. Das Hähnchenfleisch in möglichst gleich große Würfel schneiden (2 x 2 Zentimeter).

2. Die Paprikaschoten waschen, halbieren und die Stielansätze, die Kerne und die weißen Innenhäute entfernen (siehe Seite 61). Die Paprikaschoten ebenfalls in Würfel (2 x 2 Zentimeter) schneiden.

3. Die Zucchini waschen, Stiel- und Blütenansätze abschneiden. Die Zucchini in dickere Scheiben schneiden.

4. Die Champignons mit einem Backpinsel säubern (siehe Seite 69) und das untere Stück vom Stiel abschneiden.

5. Hähnchenfleisch, Paprika, Zucchini und Champignons abwechselnd auf die Schaschlikspieße stecken.

6. In eine Tasse 1 Esslöffel Öl geben. Die Spieße mit dem Backpinsel rundherum mit dem Öl bestreichen, vorsichtig salzen und pfeffern.

7. In einer Pfanne 3 Esslöffel Öl auf mittlerer Stufe erhitzen. Wenn das Öl heiß genug ist (siehe Seite 7), die Spieße hineinlegen.

8. Den Deckel auf die Pfanne legen und die Spieße 3 Minuten braten.

9. Die Hühnerspieße umdrehen und von der anderen Seite ebenfalls 3 Minuten braten.

● Statt Hühnerfleisch kann man auch dicke Putenschnitzel oder Schweinefilet nehmen. Und welches Gemüse man nimmt, hängt ganz von der Jahreszeit und den Vorlieben ab. Es sollte nur nicht zu hart sein!

Ein Graf namens Sandwich

Warum das Sandwich (sprich: Sändwitsch) Sandwich heißt? Ganz einfach: Weil sein Erfinder so heißt. Genauer gesagt: Der Engländer John Montagu Graf von Sandwich erfand vor etwa 250 Jahren das vielfach und fantasievoll belegte Brot, weil er keine Lust hatte, sein Hobby auch nur für fünf Minuten zu unterbrechen.

Der Graf war nämlich ein leidenschaftlicher Kartenspieler. Und wenn er nicht so ein schlauer Mensch gewesen wäre, wäre er vermutlich beim Kartenspielen verhungert.

Stattdessen erfand er jenen berühmt gewordenen Imbiss, der zwei Bedingungen erfüllen musste:

Erstens: Man musste ihn während des Kartenspiels essen können – also ohne Messer und Gabel, einfach so, von der Hand in den Mund.

Zweitens: Er musste ausreichend satt machen. Deshalb ließ der Graf von Sandwich seine Diener möglichst viel Essbares zwischen zwei Brotscheiben quetschen – so viel, dass ein Sandwich, wie diese belegten Brote bald genannt wurden, auch mal ein ganzes Mittagessen ersetzen konnte.

Das Sandwich kommt also ursprünglich aus England. Von dort aus fand es ziemlich schnell seinen Weg nach Amerika, wo ihm die Amerikaner, bekannt für ihre Vorliebe für *fast food* (auf deutsch: schnelles Essen), gern eine zweite Heimat gaben.

Heute gibt es Sandwiches in jeder Form überall auf der ganzen Welt.
Vielen Dank, John Montagu Graf von Sandwich!

Roggen, Weizen, Vollkorn

Der Mensch lebt nicht vom Brot allein

So macht man einen Hamburger-Magneten:

1. Aus brennbarer Knete einen belegten Hamburger (oder ein Sandwich oder einen Hotdog) formen.

2. Auf einer Seite einen Magneten (gibt's im Schreibwarenladen) fest hineindrücken, damit eine Vertiefung entsteht. Den Magneten wieder herausnehmen.

3. Den Hamburger (oder das Sandwich oder den Hotdog) im Backofen nach Vorschrift härten. Zum Schluss den Magneten hineinkleben (am besten mit einem Zwei-Komponenten-Kleber).

Aber Brot spielt eine ausgesprochen wichtige Rolle in unserer täglichen Ernährung – und das schon seit Jahrtausenden. Vor allem die Deutschen sind bekannt für ihre unendlich große Auswahl an Brot: Über 300 Sorten sind einmal von einem, der es ganz genau wissen wollte, gezählt worden.

Die Deutschen: Europameister im Brotessen

80 kg Brot pro Kopf und Jahr essen die Deutschen. Zum Vergleich: Ein Italiener isst 75 kg, ein Franzose sogar nur 56 kg. Die Deutschen lieben die Abwechslung: Vom Vollkornbrot über Roggen-, Weizen- oder Mischbrot bis zu frischen Sonntagsbrötchen und Weißbroten ist in den Bäckereien alles zu haben.

Vollkorn ist am gesündesten …

Ja, ja. Wissen wir schon längst. Trotzdem soll es noch einmal gesagt werden: Wer sich nur von Weißbrot oder Mischbroten ernährt, tut sich selbst auf die Dauer nichts Gutes. Nur für Vollkornbrot nämlich werden die *ganzen Körner mit Schale und Keimling* zu Mehl vermahlen. Und darin stecken nun mal die meisten Vitamine und Mineralstoffe. Alle anderen Brote werden aus Mehl gebacken, für das Schale und Keimling entfernt wurden. Da macht es keinen großen Unterschied, ob es sich nun um ein Roggen-, ein Weizen- oder um ein Mischbrot handelt.

… aber manchmal muss es einfach Weißbrot sein

Und da wird wohl kaum ein Ernährungswissenschaftler widersprechen: Weißbrot braucht man zum Beispiel zu Salaten. Oder um damit Soße aufzutunken. Oder für das Sonntagsfrühstück. Oder eben für die meisten Sandwiches, Hamburger oder Toasts. Und die sind nicht nur für ein schnelles Mittagessen unersetzlich.

Belegt, gefüllt, überbacken

Sandwich-Regeln gibt es nicht!

- **Pizza, Sandwiches, Hamburger und Toasts** sind super für große Mahlzeiten oder kleine Imbisse. Das Beste daran: Erlaubt ist, was schmeckt. Es gibt keine Vorschrift, welches Brot man für welches Sandwich nimmt oder womit man eine Pizza belegt.

- Ein üppig belegtes **Sandwich** – also zwei Brotscheiben mit etwas Essbarem dazwischen – kann auch schon mal den ganz großen Hunger stillen. Und irgendetwas findet sich immer im Kühlschrank, was gut für ein Sandwich ist. Hier sind Lust, Laune und Fantasie gefragt. Sandwiches sind ideal für Ausflüge, Picknicks oder Reisen.

- **Überbackene Toasts** sind genau das Richtige, wenn man die Nase voll hat von dem üblichen Brot-Käse-Wurst-Abendessen. Sie schmecken gut, gehen schnell und mit ein bisschen Fantasie kann man sich bei jedem Toast selbst eine kleine Überraschung machen.

- **Hamburger** machen Spaß – sowohl die Zubereitung als auch das Essen. Wenn man darauf achtet, dass die Zutaten frisch und von guter Qualität sind, sind Hamburger eine schnelle und gute Mahlzeit und außerdem ideal für ein Essen mit Freunden.

- Mit Fleisch oder Gemüse **gefülltes Fladenbrot** schmeckt nicht nur köstlich, sondern es ist zudem auch noch sehr praktisch: Das Brot ersetzt nämlich den Teller, so dass das Tischdecken entfällt. Wenn das kein Argument ist …

Gefärbtes Brot

Früher war man der Ansicht, dass weißes Brot kostbarer sei als dunkles. Deshalb wurde das dunkle Brot bis ins 19. Jahrhundert hinein von vielen Bäckern hell gefärbt, damit sie es besser verkaufen konnten – zum Beispiel mit Gips, Kreide oder gemahlenen Knochen …

Heute weiß man, dass dunkles (Vollkorn-)Brot wertvoller ist als weißes, weil es gesünder ist. Deshalb färben heute viele Bäcker das Brot dunkel – zum Beispiel mit Malz –, damit sie es besser verkaufen können …

Pizza Margherita ...

Pizzateig – so wird's gemacht:

1. Trockenhefe, Mehl, Wasser, Salz und Olivenöl mit dem Kochlöffel oder den Knethaken des Handrührgeräts vermischen.

2. Die Hälfte des aufgegangenen Teigs aus der Schüssel nehmen und mit den Händen kräftig durchkneten.

3. Das Teigstück mit einem Nudelholz auf die Größe eines Esstellers ausrollen.

4. Den Teig am Rand etwas mit dem Daumen eindrücken. Das zweite Teigstück ebenso vorbereiten. Beide Pizzas belegen.

Für 2 Pizzas braucht man:

1 TL Trockenhefe

250 g Mehl

1 gute Tasse lauwarmes Wasser

¼ TL Salz

2 EL Olivenöl

Für den Belag:

1 große Dose Pizzatomaten (850 ml)

Salz, Pfeffer, Oregano

2 Kugeln Mozzarella

1. In einer großen Rührschüssel Trockenhefe und Mehl gut mischen.

2. Wasser, Salz und Olivenöl dazugeben und alles mit den Knethaken des Handrührgeräts vermischen.

3. Jetzt mit der Hand weitermachen: Den Teig etwa 10 Minuten lang gut durchkneten, bis er glatt ist und überhaupt nicht mehr klebt.

4. Den Teig zu einer Kugel formen, in die Rührschüssel zurücklegen und ein Küchenhandtuch oder eine Serviette über die Schüssel legen.

5. Jetzt den Teig an einem warmen Ort „gehen" lassen, das heißt, so lange stehen lassen, bis er ungefähr doppelt so groß geworden ist. Das dauert etwa eine halbe Stunde und geht am besten im Backofen: Den Backofen ein paar Minuten lang auf 50 Grad (Gas Stufe 1) vorheizen, dann wieder ausschalten und den Teig auf die untere Schiene in den Backofen stellen.

6. Die Pizzatomaten in eine Schüssel geben und mit Salz, Pfeffer und Oregano würzen. Die Mozzarellakugeln in dünne Scheiben schneiden.

7. Den aufgegangenen Teig aus dem Backofen nehmen und den Backofen auf 180 Grad (Gas Stufe 2–3) vorheizen.

8. Den Teig noch einmal kurz durchkneten und in zwei Hälften teilen. Etwas Mehl auf eine Arbeitsplatte geben. Die Hälfte des Teigs darauf geben und mit einem Nudelholz zu einer runden Pizza, etwa so groß wie ein Essteller, ausrollen. Den Rand etwas zusammenschieben, so dass er ein bisschen dicker ist, und mit dem Daumen andrücken. Aus dem restlichen Teig ebenfalls eine Pizza formen.

9. Ein Backblech mit Backpapier auslegen. Die Pizzas darauf legen und die Tomaten auf den Pizzas verteilen. Mit den Mozzarellascheiben belegen.

10. Die Pizzas (mit Topfhandschuhen!) in den Backofen schieben und etwa 15 Minuten backen.

Pizza

... und wie man sie verändern kann

Pizza Salami
Die Pizza mit Tomaten, Käse und Salamischeiben belegen.

Pizza Prosciutto
Die Pizza mit Tomaten, Käse und zwei Scheiben gekochtem Schinken belegen.

Pizza Regina
Die Pizza mit Tomaten, Käse, gekochtem Schinken und halbierten oder in Scheiben geschnittenen Champignons belegen.

Pizza Tonno
Die Pizza mit Tomaten, Käse und Thunfisch aus der Dose belegen.

Pizza Capricciosa
Die Pizza mit Tomaten, Käse, halbierten Champignons, Peperoni aus dem Glas und schwarzen Oliven aus dem Glas belegen.

Pizza Quattro Stagioni
Die Pizza mit Tomaten, Käse, Schinken, Artischocken aus dem Glas und halbierten Champignons belegen.

Pizza Fantasia
Die Pizza zum Beispiel mit hart gekochten Eiern, Schafskäse, Zwiebeln, Paprika (aus dem Glas, frische werden nicht so schnell weich), Zucchini, Schinken und Ananas oder klein geschnittenen Würstchen belegen.

Pizzataschen
(auf Italienisch „Calzone") kann man in Italien in allen Pizzerias bestellen. Für eine Calzone belegt man die Pizza mit allen Zutaten, lässt die Ränder frei, klappt die Pizza zu einer Tasche zusammen und drückt die Ränder sehr fest zusammen. In den vorgeheizten Backofen schieben und die Calzone 20 Minuten backen.

Sandwiches

Sandwiches ...

Armins Tipp

Sandwiches fallen leicht auseinander, wenn man sie zu dick belegt. Tipp: Ein Küchen-Holzbrettchen auf die fertigen Sandwiches legen und die Brotscheiben damit fest zusammenpressen!
Nach dem Durchschneiden einen Zahnstocher in die Sandwichhälften stecken – dann halten sie besser zusammen.

Schinken-Käse-Sandwich

Für 2 Sandwiches braucht man:

3 bis 4 Blätter Salat (z. B. Kopfsalat oder Eissalat)

2 kleine Tomaten

4 Scheiben Sandwichbrot

2 EL Ketchup

100 g gekochten Schinken

100 g Käse (z. B. Gouda oder Butterkäse)

1. Die Salatblätter waschen und trockentupfen. Die Tomaten waschen und den Stielansatz entfernen (siehe Seite 61). Die Tomaten in dünne Scheiben schneiden.

2. Die Brotscheiben toasten und mit Ketchup bestreichen.

3. Zwei Sandwichbrote mit je einem Salatblatt, Schinken, Tomatenscheiben und Käse belegen.

4. Die belegten Sandwichscheiben mit je einer Brotscheibe abdecken.

5. Die Sandwiches mit einem scharfen Messer diagonal durchschneiden.

● Dieses Sandwich lässt sich prima überbacken: Einfach ein paar Minuten lang in den 180 Grad heißen Backofen schieben, bis der Käse anfängt zu schmelzen.

Thunfisch-Tomaten-Sandwich

Für 2 Sandwiches braucht man:

1 kleine Dose Thunfisch

2 EL Mayonnaise

2 EL Zitronensaft

4 Blätter Salat (z. B. Kopfsalat oder Eissalat)

2 kleine Tomaten

4 Scheiben Sandwichbrot

1. Den Thunfisch in ein Sieb schütten, abtropfen lassen und in Stücke teilen. Mit der Mayonnaise und dem Zitronensaft in eine Rührschüssel geben und alles gut mit einer Gabel vermischen oder mit dem Pürierstab pürieren.

2. Die Salatblätter waschen und trockentupfen. Die Tomaten waschen und den Stielansatz entfernen (siehe Seite 61). Die Tomaten in dünne Scheiben schneiden.

3. Die Brotscheiben toasten und mit der Thunfischcreme bestreichen. Zwei Sandwichbrote mit je einem Salatblatt und Tomatenscheiben belegen. Mit den übrigen Brotscheiben abdecken.

4. Die Sandwiches mit einem scharfen Messer diagonal durchschneiden.

● Sandwichbrot ist das gleiche wie Toastbrot, nur sind die Scheiben größer und man kann sie deshalb besser belegen. Aber wer kein Sandwichbrot bekommt, kann natürlich genauso gut Toastbrot nehmen.

Sandwiches

... und wie man sie verändern kann

Hähnchen-Avocadocreme-Sandwich

Für 2 Sandwiches braucht man:

1 Rezept Avocadocreme (siehe Seite 63)
Butter zum Braten
200 g Hähnchenbrustfilet
Salz, Pfeffer
2 Baguette-Brötchen oder
½ Baguette
4 Salatblätter

1. Die Avocadocreme herstellen.

2. Butter in einer Pfanne erhitzen (siehe Seite 7). Das Hähnchenbrustfilet hineinlegen, salzen, pfeffern und von jeder Seite 3 Minuten braten.

3. Aus der Pfanne nehmen und in feine Streifen schneiden.

4. Die Brötchen oder das Baguette längs durchschneiden. Die Hälften mit der Avocadocreme bestreichen.

5. Auf die unteren Hälften je ein Salatblatt legen und das Hähnchenfilet darauf verteilen. Mit einem Salatblatt abdecken und die Brötchen oder das Baguette zuklappen.

Auch damit kann man Sandwiches machen:

● Man kann alle möglichen Brotsorten nehmen – aus praktisch jedem Brot lässt sich ein Sandwich machen.

● Man kann die Sandwiches mit Mayonnaise, Remouladensoße, Senf, Frischkäse, Olivenöl oder Butter bestreichen.

● Man kann die Sandwiches mit hart gekochten Eiern, Fleischresten vom Vortag, Radieschenscheiben, Gurkenscheiben, Paprikastückchen oder in Scheiben geschnittenen Gewürzgurken belegen.

● Man kann die Sandwiches auch mit einem Quark oder einer Creme (zum Beispiel von Seite 63) bestreichen.

Ein Sandwichgerät

ist für Sandwich-Spezialisten super: Da passt genau ein Sandwich hinein und man kann die ganze Angelegenheit noch kurz überbacken. Tipp: zum Geburtstag wünschen!

Sandwiches

Süße Sandwiches

Armins Tipp

Sandwiches mit Erdnussbutter und Marmelade sind für viele amerikanische Kinder der Hit. Und als Krönung gilt Erdnussbutter mit Stückchen („crunchy"), die man auch bei uns kaufen kann. Ausprobieren!

Schokoladen-Kiwi-Sandwich

Für 1 Sandwich braucht man:

2 Sandwichbrote

1 TL Schokocreme

1 EL Quark

½ Kiwi

Die Sandwichscheiben toasten. Eine Scheibe mit Schokocreme, die andere mit Quark bestreichen. Die Kiwi schälen, in Scheiben schneiden und zwischen die beiden Scheiben legen.

Erdnussbutter-Bananen-Sandwich

Für 1 Sandwich braucht man:

2 Sandwichbrote

2 TL Erdnussbutter

1 Stück Banane

Die Sandwichbrote toasten und mit Erdnussbutter bestreichen. Das Bananenstück in Scheiben schneiden, eine Scheibe damit belegen, die andere obendrauf klappen.

Honig-Apfel-Zimt-Sandwich

Für 1 Sandwich braucht man:

2 Sandwichbrote

1 TL Honig

2 TL Crème fraîche

¼ Apfel

Zimt

Die Sandwichbrote toasten. Honig und Crème fraîche verrühren. Die Sandwichbrote damit bestreichen. Das Apfelviertel in dünne Scheiben schneiden und ein Sandwichbrot damit belegen. Ein wenig Zimt darüber streuen und zusammenklappen.

Und damit kann man süße Sandwiches noch belegen:

● Mit allen möglichen Obstsorten, zum Beispiel Himbeeren, Erdbeeren oder Orangen.

● Mit allen möglichen Marmeladen oder anderen süßen Brotaufstrichen.

● Mit allen möglichen Quark- und Frischkäsesorten.

Überbackene Toasts

Hawaiitoast

Für 2 Hawaiitoasts braucht man:

2 Scheiben Kastenweißbrot oder Toastbrot
1 TL Butter
2 Scheiben gekochten Schinken
2 Scheiben Ananas aus der Dose
2 Scheiben Emmentaler oder Scheiblettenkäse

1. Den Backofen auf 180 Grad (Gas Stufe 2–3) vorheizen.
2. Die Brotscheiben toasten und mit Butter bestreichen.
3. Die Scheiben mit gekochtem Schinken, je einer Ananasscheibe und einer Scheibe Käse belegen.
4. Ein Stück Backpapier auf ein Backblech legen. Die Toasts darauf legen und (mit Topfhandschuhen!) in den heißen Backofen schieben.
5. Toasts 8 bis 10 Minuten backen, bis der Käse zerlaufen ist.

Und auch damit kann man Toasts überbacken:

- Wer keine Ananas mag, kann's auch mal mit Mandarinen aus der Dose probieren.
- Oder: einen geviertelten Apfel in dünne Scheiben schneiden, den Toast damit belegen und geriebenen Käse darüber streuen.
- Wem das Ganze zu süß ist, der belegt den Toast stattdessen zum Beispiel mit in Scheiben geschnittenen Champignons und Tomatenscheiben.

Wichtig ist der Käse!

Fragt mal eure Eltern: Hawaiitoast mit Schinken, Käse und Ananas war der Hit in den siebziger Jahren. Aber natürlich kann man Toasts mit allem Möglichen belegen und überbacken. Gut ist es allerdings, wenn die oberste Schicht aus Käse besteht. Erstens zerläuft er so schön und zweitens sorgt er dafür, dass alles, was darunter liegt, saftig bleibt.

Hamburger ...

Frikadellen braten – so wird's gemacht:

1. Den Hackfleischteig gut verkneten. Mit angefeuchteten Händen 4 Frikadellen formen und flach drücken.

2. Das Öl in einer Pfanne heiß werden lassen und die Frikadellen darin 4 Minuten braten.

3. Die Frikadellen mit einem Pfannenwender umdrehen und auf der anderen Seite ebenfalls 4 Minuten braten.

Für 4 Hamburger braucht man:

4 Salatblätter
2 Tomaten
2 Gewürzgurken
1 Zwiebel
500 g Rinderhackfleisch
1 Ei
Salz, Pfeffer
2 EL Öl
4 Hamburger-Brötchen oder
4 Sesambrötchen
4 TL Ketchup
4 TL Mayonnaise

1. Die Salatblätter waschen und trockentupfen. Die Tomaten waschen, den Stielansatz entfernen (siehe Seite 61) und die Tomaten in Scheiben schneiden (das geht am besten mit einem Tomatenmesser, das eine Säge hat). Die Gewürzgurken längs in Scheiben schneiden.

2. Die Zwiebel abziehen und hacken oder fein würfeln (siehe Seite 46).

3. Das Hackfleisch in eine Schüssel geben. Das Ei darüber aufschlagen, die gehackten Zwiebeln dazugeben und alles gut durchkneten (am besten mit den Fingern). Mit Salz und Pfeffer abschmecken (den Hackfleischteig probieren: Rohes Hackfleisch kann man essen!).

4. Die Hände nass machen. Mit den nassen Händen vier flache runde Frikadellen formen.

5. Das Öl in einer großen Pfanne bei mittlerer Temperatur erhitzen. Wenn es heiß genug ist (siehe Seite 7), die Frikadellen hineingeben und 4 Minuten braten.

6. Die Frikadellen wenden und von der anderen Seite ebenfalls 4 Minuten braten.

7. Die Brötchen aufschneiden, auf der einen Hälfte das Ketchup, auf der anderen die Mayonnaise verteilen. Die untere Hälfte belegen: Zuerst das Salatblatt, dann Gurkenscheiben, dann die gebratene Frikadelle, dann die Tomatenscheiben. Die obere Brötchenhälfte darauf legen.

Hamburger & Co.

... und wie man sie verändern kann

Cheeseburger

Für 4 Cheeseburger braucht man:

1 Rezept Hamburger (siehe links)
4 Scheiben Scheiblettenkäse

Die Hamburger wie links beschrieben zubereiten. Den Backofen auf 180 Grad (Gas Stufe 2–3) vorheizen. Auf die Frikadelle eine Scheibe Käse legen, dann erst die Tomatenscheiben. Die Hamburger auf ein Backblech legen und für ein paar Minuten in den Backofen schieben, so lange, bis der Käse zu zerlaufen beginnt.

Fischburger

Für 4 Fischburger braucht man:

1 Rezept Hamburger (siehe links; ohne Hackfleisch, Ei und Zwiebel)
8 Fischstäbchen

Salatblätter, Tomaten und Gewürzgurken wie für Hamburger vorbereiten (siehe links). Öl in einer Pfanne erhitzen und die Fischstäbchen nach den Anweisungen auf der Packung braten. Die Hamburger-Brötchen statt mit einer Frikadelle jeweils mit zwei Fischstäbchen belegen.

Was man mit Hamburgern außerdem noch machen kann:

- Man kann natürlich das, was man nicht mag, einfach weglassen.
- Man kann die Hamburger mit rohen Zwiebelringen belegen.
- Man kann die Hamburger mit gerösteten Zwiebelringen (siehe Seite 86) belegen.
- Man kann die Hamburger mit durchwachsenem, knusprig gebratenem Speck (siehe Seite 48) belegen.
- Man kann die Hamburger mit frischen Gurkenscheiben belegen.
- Man kann statt Scheiblettenkäse Mozzarella nehmen.
- Man kann die Hamburger mit Senf bestreichen.
- Man kann sich einen Doppeldecker machen: Dazu die untere Brötchenhälfte mit einem Salatblatt, einer Frikadelle, wieder einem Salatblatt und Tomate, Gurke, Zwiebel oder was man will belegen. Aufpassen, dass der Doppeldecker nicht zu dick wird!

Spaßburger

Am lustigsten ist es natürlich, wenn man alle Hamburger-Zutaten auf einen Tisch stellt – also die Frikadellen, die in Scheiben geschnittenen Gurken, Tomaten, Zwiebeln oder Röstzwiebeln, Salat, Ketchup, Mayonnaise, Senf usw. – und sich jeder seinen Hamburger selbst belegen kann. Viel Spaß!

Gefüllte Brötchen

Hotdogs

Hotdog-Brötchen

sind längliche, weiche Brötchen, die es meist abgepackt im Supermarkt gibt. Wer keine bekommt, kann natürlich auch normale Brötchen oder Baguettebrötchen nehmen. Schmeckt auch sehr gut!

Für 4 Portionen braucht man:

1 große Zwiebel
1 EL Butter
Salz
4 Frankfurter Würstchen
4 Hotdog-Brötchen oder
4 Baguettebrötchen
Ketchup, Senf
4 Papierservietten

1. Den Backofen auf 180 Grad (Gas Stufe 2–3) vorheizen.

2. Die Zwiebel abziehen und in sehr feine Ringe schneiden (das geht sehr gut mit einem Gurkenhobel!).

3. In einer kleinen Pfanne 1 Esslöffel Butter bei mittlerer Temperatur erhitzen, die Zwiebelringe hineingeben, vorsichtig salzen und braten. Dabei ständig rühren, damit die Zwiebeln nicht zu dunkel werden.

4. Wenn sie goldbraun sind, das dauert 5 bis 10 Minuten, die Pfanne vom Herd ziehen und die Zwiebeln sofort auf zwei Lagen Küchenpapier schütten, damit das überschüssige Fett aufgesaugt wird. Die Zwiebeln in eine kleine Schüssel geben.

5. In einem mittelgroßen Topf etwa 1 Liter Wasser zum Kochen bringen. Wenn das Wasser kocht, den Topf von der Herdplatte ziehen und die Würstchen hineingeben. Den Deckel auf den Topf legen und die Würstchen etwa 10 Minuten lang in dem heißen Wasser erhitzen – nicht mehr kochen lassen, sonst platzen die Würstchen!

6. Die Brötchen mit einem scharfen Messer tief einschneiden, aber nicht durchschneiden! Die Brötchen auf ein Backblech legen, vorsichtig in den Backofen schieben (mit Topfhandschuhen!) und ein paar Minuten lang erwärmen, nicht knusprig-braun werden lassen!

7. Die Brötchen aufklappen und in jedes Brötchen ein Würstchen legen. Auf das Würstchen nach Geschmack Ketchup, Senf und Röstzwiebeln geben. Den Hotdog zuklappen, in eine Serviette legen und aus der Hand essen.

● Die Röstzwiebeln sind natürlich Geschmackssache. Man kann sie auch einfach weglassen!

● Tipp: Die Hotdogs zusätzlich mit warmem Sauerkraut (aus der Dose) füllen – so essen sie viele Amerikaner am liebsten!

Gefüllte Brötchen

Gefülltes Schinken-Käse-Brötchen

Für 2 Portionen braucht man:

2 Vollkornbrötchen

200 g gekochten Schinken

1 großes Stück Käse (150 g, z. B. Emmentaler oder Gouda)

2 Fleischtomaten

2 EL Crème fraîche

2 EL gemischte und fein gehackte Kräuter (z. B. Petersilie, Schnittlauch oder Basilikum)

Salz, Pfeffer

1. Die Vollkornbrötchen längs halbieren, mit einem Löffel das weiche Innere herausholen und in eine Schüssel geben.

2. Den Schinken zuerst in Streifen, dann in kleine Würfel schneiden (siehe Seite 50). Den Käse ebenfalls in kleine Würfel schneiden.

3. Den Backofen auf 180 Grad (Gas Stufe 2–3) vorheizen.

4. Die Tomaten waschen und den Stielansatz entfernen (siehe Seite 61). Die Tomaten quer halbieren und mit einem Löffel die Kerne herausholen (siehe Seite 61). Das Tomatenfleisch ebenfalls in kleine Würfel schneiden.

5. Schinken-, Käse- und Tomatenwürfel, Crème fraîche und Kräuter zu der Brotmasse geben und alles gut miteinander vermischen. Mit Salz und Pfeffer abschmecken.

6. Die Masse in die Brötchenhälften füllen.

7. Die Brötchenhälften auf ein Backblech setzen, in den heißen Backofen schieben (mit Topfhandschuhen!) und etwa 10 Minuten backen.

● Statt Schinken kann man auch Thunfisch aus der Dose nehmen: Den Thunfisch auf einem Sieb abtropfen lassen, in Stücke teilen und mit den übrigen Zutaten vermischen.

● Statt Crème fraîche kann man auch Frischkäse (zum Beispiel mit Kräutern) nehmen. Wenn sich der Frischkäse schlecht verrühren lässt, ein bisschen Sahne dazugeben, dann wird er cremiger.

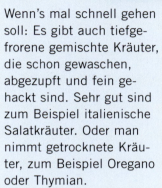

Christophs Trick

Wenn's mal schnell gehen soll: Es gibt auch tiefgefrorene gemischte Kräuter, die schon gewaschen, abgezupft und fein gehackt sind. Sehr gut sind zum Beispiel italienische Salatkräuter. Oder man nimmt getrocknete Kräuter, zum Beispiel Oregano oder Thymian.

Baguettes aus dem Backofen

Zwei verschiedene Knoblauch-Baguettes

Armins Tipp

Im Sommer kann man das Knoblauch-Olivenöl-Baguette sehr gut draußen auf dem Grill machen: Statt im Backofen röstet man es auf dem Grillrost über der Glut goldbraun. Schmeckt super zu gegrilltem Fleisch oder Salaten.

Knoblauch-Baguette 1

Für 4 Portionen braucht man:

125 g ($^1/_2$ Packung) weiche Butter

3 Knoblauchzehen, Salz

1 Baguette

1. Die Butter in einem Teller weich werden lassen. Den Backofen auf 180 Grad (Gas Stufe 2–3) vorheizen.

2. Die Knoblauchzehen abziehen und durch die Knoblauchpresse auf die Butter drücken (siehe Seite 55).

3. Butter und Knoblauch mit einer Gabel gut miteinander vermischen und etwas Salz dazugeben.

4. Das Baguette quer in Scheiben einschneiden, aber nicht durchschneiden! Die Knoblauchbutter in die Schlitze streichen.

5. Das Brot in Alufolie wickeln und für etwa 5 bis 7 Minuten (mit Topfhandschuhen!) in den Backofen schieben. Herausnehmen, auswickeln und möglichst warm essen.

Knoblauch-Baguette 2

Für 4 Portionen braucht man:

1 Baguette

4 Knoblauchzehen

6 EL Olivenöl

Salz, Pfeffer

1. Den Backofen auf 180 Grad (Gas Stufe 2–3) vorheizen.

2. Das Baguette in drei Teile teilen, die Teile längs halbieren und auf ein Backblech legen. In den heißen Backofen schieben (mit Topfhandschuhen!) und 5 bis 7 Minuten backen, bis sie oben goldbraun sind.

3. Die Knoblauchzehen abziehen (siehe Seite 55) und quer halbieren.

4. Die Baguettes aus dem Backofen holen und jede Hälfte kräftig mit einer Knoblauchzehe einreiben. Topflappen benutzen – das Brot ist heiß!

5. Jedes Baguettestück mit einem Esslöffel Öl beträufeln, salzen, pfeffern und noch warm essen!

Baguettes aus dem Backofen

Warmes Mozzarella-Tomaten-Baguette

Für 3 Baguettes braucht man:

1 Stangenweißbrot oder
3 Baguettebrötchen
3 EL Olivenöl
3 Tomaten
2 Kugeln Mozzarella
Salz, Pfeffer

1. Das Stangenweißbrot in drei Teile teilen. Die Teile oder die Baguettebrötchen längs mit einem scharfen Messer aufschneiden.

2. Die unteren Hälften mit je 1 Esslöffel Olivenöl beträufeln. Den Backofen auf 180 Grad (Gas Stufe 2–3) vorheizen.

3. Die Tomaten waschen und in dünne Scheiben schneiden. Dabei den Stielansatz entfernen (siehe Seite 61). Die Mozzarellakugeln aus der Packung nehmen, gut abtropfen lassen und ebenfalls in nicht zu dicke Scheiben schneiden.

4. Die unteren Baguettehälften mit Tomatenscheiben so belegen, dass sie sich wie Fischschuppen teilweise überlappen. Vorsichtig salzen.

5. Genauso die Mozzarellascheiben auf die Tomaten legen. Den Mozzarella ebenfalls vorsichtig salzen und nach Geschmack pfeffern.

6. Die oberen Baguettehälften obendrauf legen und die Baguettes ein wenig zusammendrücken, damit sie nicht auseinanderfallen.

7. Die Baguettes auf ein Backblech legen, in den heißen Backofen schieben (mit Topfhandschuhen!) und ein paar Minuten lang backen, bis der Käse anfängt zu zerlaufen.

8. Das Backblech herausnehmen und die Baguettes auf drei Teller legen (Vorsicht: Sie sind heiß!). Noch warm essen.

Übrigens ...

Der „echte" Mozzarella wird aus Büffelmilch gemacht und ist eine Erfindung der Süditaliener. Bei uns gibt es in jedem Supermarkt den preiswerteren Kuhmilch-Mozzarella zu kaufen. Wer Lust hat, einmal Büffel-Mozzarella zu probieren: Es gibt ihn in italienischen Feinkostläden oder guten Käseläden.

Gefülltes Brot

Gefülltes Fladenbrot mit Hähnchen

Brot zum Füllen muss weich sein …

sonst kann man es nicht so gut füllen. Kleine, gefüllte Fladenbrote gibt es in vielen Ländern auf der Straße zu kaufen, zum Beispiel in Griechenland, in Israel oder in der Türkei. Bei uns werden sie ebenfalls immer beliebter und in manchen Supermärkten kann man die „Pita-Brote" zum Selberfüllen bereits kaufen. Aber auch ein großes Fladenbrot lässt sich sehr gut füllen. Und das gibt es fast überall.

Für 4 Portionen braucht man:

350 g Hähnchenbrustfilet

2 TL Sojasoße

1 doppeltes Rezept Kräuter-Joghurt-Mayonnaise (siehe Seite 32)

4 Salatblätter

1 rote Paprika

1 Tomate

1 großes Fladenbrot

1 Stück Butter zum Braten

1–2 TL Currypulver, Salz, Pfeffer

1. Die Hähnchenbrustfilets in feine Streifen schneiden und mit der Sojasoße vermischen.

2. Den Kräuter-Joghurt zubereiten (siehe Seite 32). Den Backofen auf 180 Grad (Gas Stufe 2–3) vorheizen.

3. Die Paprika waschen, halbieren, Kerne und weiße Innenhäute entfernen (siehe Seite 61). Die Paprika würfeln.

4. Die Salatblätter waschen, trockentupfen und in feine Streifen schneiden. Die Tomate waschen, den Stielansatz entfernen (siehe Seite 61) und die Tomate in Würfel schneiden.

5. Das Brot im Backofen 4 bis 5 Minuten lang erwärmen.

6. Butter in einer Pfanne auf mittlerer Stufe erhitzen. Wenn das Fett heiß genug ist (siehe Seite 7), die Hähnchenstreifen mit der Sojasoße hineingeben. Mit Curry bestreuen, salzen und pfeffern. Das Fleisch in wenigen Minuten goldbraun braten, dabei umrühren. Nicht zu lange braten, sonst wird das Fleisch trocken!

7. Das Brot aus dem Backofen nehmen und in Viertel teilen. Die Brotviertel einschneiden, aber nicht durchschneiden!

8. Die Brote füllen: 3 Esslöffel Joghurt, dann Hähnchenstreifen, Paprika- und Tomatenwürfel sowie die Salatstreifen hineingeben. Zum Schluss noch einmal 1 bis 2 Esslöffel Kräuter-Joghurt darüber geben.

Brot aus dem Feuer

Lagerfeuer-Brot

Für 4 Portionen braucht man:

600 g Mehl

3 TL Trockenhefe

2 Tassen lauwarmes Wasser

4 EL Olivenöl

½ TL Salz

2 EL Olivenöl zum Bepinseln

1. In einer großen Schüssel aus dem Mehl, der Trockenhefe, dem lauwarmen Wasser, dem Olivenöl (ohne das Olivenöl zum Bepinseln) und dem Salz einen Pizzateig zubereiten (siehe Seite 78, Schritt 1 bis 5).

2. Wenn der Teig genügend aufgegangen ist, den Teig aus der Schüssel nehmen, noch mal kurz durchkneten, dann in 4 Stücke teilen. Die Arbeitsplatte mit etwas Mehl bestreuen, damit der Teig nicht festklebt. Die Teigstücke mit den Händen zu etwa 35 Zentimeter langen Würsten ausrollen.

3. Das Ende einer Teigwurst auf die Spitze eines Stocks spießen, dann die Wurst um den Stock wickeln. Den Teig mit der Hand noch einmal gut andrücken und mit Olivenöl bepinseln.

4. Den Stock über die Glut eines heruntergebrannten Feuers halten und das Brot backen. Dabei den Stock immer mal wieder drehen. Das Brot ist fertig, wenn die Oberfläche leicht gebräunt ist.

- Kümmel-Fans können sich ein Kümmelbrot machen: Dazu 1 Esslöffel Kümmel an den Pizzateig geben.
- Oder: kleine gebratene Speckstückchen, getrocknete Kräuter oder Sonnenblumenkerne unter den Teig mischen.

Warum alle Welt den Zucker liebt

Zucker ist out. Meinen viele Erwachsene. Trotzdem lieben die meisten Menschen Süßes – die einen mehr, die anderen weniger. Warum? Dafür haben die Wissenschaftler mehrere Erklärungen.

Zucker liefert Nahrung fürs Gehirn

Zucker ist ein so genanntes Kohlenhydrat. Kohlenhydrate befinden sich in sehr vielen Lebensmitteln – zum Beispiel als Stärke in Brot, Reis, Nudeln oder Kartoffeln – und sie sind unverzichtbar für unseren Organismus: Sie liefern uns nämlich Energie. Und die brauchen wir ständig und dringend, unter anderem für Muskeln und Gehirn. Das erklärt, warum uns in schwachen Zeiten manchmal ein Schokoriegel eins, zwei, drei wieder auf die Sprünge hilft und wir zum Beispiel im Matheunterricht wieder besser zuhören können: weil gerade die Energie, die der Körper aus Zucker gewinnt, sofort in Futter fürs Gehirn verwandelt wird.

Zucker macht glücklich

Hinzu kommt: Zucker bewirkt (wie alle Kohlenhydrate), dass im Gehirn ein Botenstoff, das so genannte Serotonin, ausgeschüttet wird. Und das sorgt dafür, dass wir uns wohl fühlen – sagen die Biologen. Vielleicht ist das der Grund, weshalb man schon Babys mit Süßem beruhigen kann – schließlich ist ja auch die Muttermilch süß – oder weshalb wir manchmal, wenn wir so richtig schlecht gelaunt sind, am liebsten zu Schokolade greifen.

Zu viel Zucker ist ungesund ...

Wenn der Zucker so viele gute Eigenschaften hat – kann er dann ungesund sein? Ja. Kann er. Und zwar dann, wenn man zu viel davon zu sich nimmt. Denn mit einer ausgewogenen gesunden Ernährung nehmen wir bereits genug Kohlenhydrate – sprich Energie – auf. Brot und Nudeln, Obst und Gemüse, Milch und Käse enthalten so ziemlich alles, was der menschliche Organismus zum Überleben braucht. Schokoriegel und Colalutscher, Plätzchen und Limo sind eigentlich überflüssig. Und wer in der Schule regelmäßig einen Müsliriegel statt Brot und Obst isst, wer vor dem Essen eine Tafel Schokolade verputzt und sich dadurch den Appetit aufs Mittagessen verdirbt, der schadet auf die Dauer seiner Gesundheit.

... aber Zucker in Maßen schadet nichts

Trotzdem kann nichts darüber hinwegtäuschen: Wir sind Genussmenschen. Und die Lust auf Süßes – ob nun angeboren oder nicht – bleibt, trotz aller Ermahnungen. Und deshalb gilt nach Meinung der Wissenschaftler für Süßes, was für so viele andere Dinge im Leben auch gilt: Zucker ja – aber in Maßen!

Zum Schluss noch ein kleiner Tipp: Gegen Löcher in den Zähnen (und die haben wir in allererster Linie dem Zucker zu verdanken) hilft bloß eines: Zähneputzen. Obwohl der Zuckerverbrauch in den letzten zwanzig Jahren ziemlich unverändert geblieben ist, haben Jugendliche weltweit deutlich weniger Löcher in den Zähnen. Vermutlich, weil sie sich regelmäßiger die Zähne putzen.

Was im Pudding drin ist

Von Pudding, Creme und Schlagsahne

So macht man ein Hexenhäuschen:

1. 4 EL Puderzucker mit 2 TL Wasser zu einem dicken Brei verrühren. Smarties bestreichen. 6 Butterkekse damit verzieren.

2. 4 Kekse an einer breiten und an beiden schmalen Kanten dick mit Zuckerguss bestreichen. Als Wände auf feste Pappe kleben.

3. Die breiten Kanten der restlichen beiden Kekse dick mit Zuckerguss bestreichen und als Dach auf die Wände setzen.

4. Gummibärchen mit den Füßen in den Zuckerguss tauchen und um das Haus kleben. Das Hexenhaus mit Puderzucker bestreuen.

Pudding oder Creme?

Gute Frage. Den Unterschied kann nämlich niemand so genau erklären und es ist auch eigentlich egal. Gemeint ist jedenfalls eine weiche, geschmeidige, sanfte und süße Masse, die warm oder kalt sein kann, die mit oder ohne Soße gegessen wird und die viele Menschen als Krönung eines guten Essens erfreut. Gemeinsam ist nahezu allen Cremes oder Puddings: Sie enthalten entweder Stärke und/oder Eier und/oder Sahne oder alles zusammen.

Ein Pudding will gestärkt sein

Ein ganz normaler Schokoladenpudding zum Beispiel besteht aus Milch, Schokolade und Zucker, die mit so genannter Stärke – zum Beispiel aus Mais oder Kartoffeln – so weit „gebunden" werden, dass der Pudding nicht vom Teller fließt. Puddingpulver enthält also hauptsächlich pulverisiertes Gewürz (zum Beispiel Kakao oder Vanille) und Stärke.

Eier: Für viele Cremes unverzichtbar

Eigelb verfeinert und bindet eine Creme. Aber fast noch wichtiger ist das Eiweiß: Schlägt man es zu luftigem Schnee und zieht es dann unter einen Pudding, so verwandelt sich dieser in eine lockere, schaumige Köstlichkeit, die auf der Zunge zergeht. Ein alter Geheimtipp übrigens, mit dem man jeden Tütenpudding in eine köstliche „Mousse" verwandeln kann …

Sahne: Das Tüpfelchen auf dem i

Ähnlich verhält es sich mit Sahne: Geschlagen und untergehoben, macht sie fast jede Creme zu einem Hit. Schaumig aufgeschlagen und mit einer Prise Zimt oder Vanillezucker aufgepeppt, wird mit ihrer Hilfe ein ganz normaler Obstsalat zu einem Erlebnis. Und schließlich: Für Eis-Fans ist Sahne unverzichtbar.

94

Die drei wichtigsten Nachtischregeln

Regel 1:
Keine Angst vor rohen Eiern

Rohe Eier sind für manche Cremes oder Puddings unentbehrlich, weil Eier die angenehme Eigenschaft haben, alle Zutaten miteinander zu verbinden und gleichzeitig zu lockern. Damit man auch ganz bestimmt keine Salmonellenerkrankung (siehe rechts) bekommt, sollte man

- nur frische Eier (höchstens 5 Tage alt), möglichst von glücklichen Hühnern (siehe Seite 10) verwenden;
- mit Eiern gemachte Cremes oder Puddings immer gut kühlen – Kälte mögen Salmonellen nämlich gar nicht (siehe rechts);
- mit Eiern gemachte Cremes oder Puddings möglichst noch am gleichen Tag essen.

Regel 2:
Jahreszeiten-Obst verwenden

Für Fruchtdesserts – egal, ob es sich um Obstsalat, Fruchtsoßen oder eine Creme mit Früchten handelt – sollte man möglichst nur das Obst nehmen, das gerade Saison hat. Also zum Beispiel im Juni Erdbeeren, im August Pfirsiche oder Nektarinen, im Winter Mandarinen oder Orangen. Nicht lagerfähiges Obst, das erst von weit her importiert werden muss, schmeckt meist nur halb so gut, weil es unreif geerntet wurde. Außerdem enthält es in der Regel weniger Vitamine.

Eine gute Alternative sind Früchte – zum Beispiel Beeren – aus der Tiefkühltruhe. Die werden nämlich unmittelbar nach der Ernte im vollreifen Zustand eingefroren und enthalten deshalb noch nahezu alle Nährstoffe, die normalerweise durch Lagerung verloren gehen.

Regel 3:
Weniger ist oft mehr

Ein „Nach-tisch" heißt Nachtisch, weil man ihn meist nach dem Essen isst. Deshalb muss man nicht Unmengen davon anbieten – eine kleine Portion für jeden genügt!

Quälgeister im Ei

Auf der Eierschale befinden sich winzig kleine Bakterien: die Salmonellen. Die kleinen Quälgeister vermehren sich im Laufe der Zeit, dringen ins Ei ein und können dann beim Menschen einen ziemlich scheußlichen Durchfall verursachen. Aber: Bei hohen Temperaturen sterben Salmonellen ab. Deshalb sind gekochte oder gebratene Eier immer ungefährlich, selbst wenn sie nicht mehr ganz frisch sind. Außerdem frieren Salmonellen nicht gern – dann können sie sich nämlich nicht vermehren. Deshalb: Eier immer im Kühlschrank aufbewahren!

Mousse und Pudding

Schokoladenschaum

Armins Tipp

Für ein Festessen kann man den Schokoladenschaum verzieren, zum Beispiel mit geraspelter Schokolade, Mandarinenstückchen oder Schlagsahne. Übrigens: Auf Französisch heißt Schokoladenschaum „Mousse au chocolat". Unter diesem Namen kann man ihn in fast jedem feinen Restaurant bestellen …

Für 4 Portionen braucht man:

3 Eier
1 EL Puderzucker
150 g Schokolade (am besten Zartbitter- oder Blockschokolade)
5 EL Sahne
5 EL Wasser

1. Die Eier trennen (siehe Seite 16). Eiweiß und Eigelb in zwei verschiedene Rührschüsseln geben.

2. Eigelb und Puderzucker mit den Quirlen des Rührgeräts schaumig schlagen. Das dauert etwa 3 Minuten.

3. Die Schokolade in Stücke brechen oder mit einem scharfen Messer zerkleinern.

4. Sahne und Wasser in einem kleinen Topf erwärmen. Die zerkleinerte Schokolade hineingeben und bei kleinster Temperatur in der Sahne-Wasser-Mischung schmelzen. Dabei ständig mit einem Kochlöffel rühren und die Schokolade immer wieder vom Topfboden schaben, damit nichts anbrennt.

5. Wenn die Schokolade geschmolzen ist, den Topf vom Herd ziehen und die Schokolade ein paar Minuten abkühlen lassen.

6. Die geschmolzene Schokolade zum aufgeschlagenen Eigelb geben und alles gut miteinander verrühren.

7. Die Eiweiße mit den Quirlen des Rührgeräts steif schlagen (siehe Seite 18) und mit einem Schneebesen vorsichtig unter die Schokoladenmasse ziehen.

8. Den Schokoladenschaum in 4 kleine oder eine große Schüssel füllen und mindestens 2 Stunden im Kühlschrank kalt stellen.

● Wer den Schokoladenschaum noch schaumiger möchte, kann nach dem Eischnee noch einen Becher Sahne steif schlagen und mit dem Schneebesen unterziehen.

Mousse und Pudding

Vanillepudding mit Himbeersoße

Für 4 Portionen braucht man:

1/2 l Milch

1 Eigelb

1 Päckchen Vanillepuddingpulver

2 schwach gehäufte EL Zucker

Für die Himbeersoße:

1 Packung tiefgekühlte Himbeeren (250–300 g)

2 EL Puderzucker

1. Von der Milch 6 Esslöffel abnehmen und mit dem Eigelb, dem Puddingpulver und dem Zucker verrühren.

2. Einen kleinen Topf mit Wasser ausspülen (nicht abtrocknen!), damit die Milch nicht anbrennt. Die übrige Milch in den Topf geben und auf mittlerer Stufe zum Kochen bringen.

3. Wenn die Milch kocht, den Topf von der Herdplatte ziehen und die Eigelb-Mischung mit einem Schneebesen unterrühren. Alles unter ständigem Rühren noch einmal kurz aufkochen lassen.

4. Eine Schüssel oder Puddingform kalt ausspülen (nicht abtrocknen!). Den Pudding hineingießen. 4 Stunden im Kühlschrank erkalten lassen.

5. Die Himbeeren in eine Schüssel geben, mit Puderzucker bestreuen und 2 Stunden auftauen lassen.

6. Eine flache Schüssel auf die Schüssel mit dem Pudding legen. Beides gut festhalten, umdrehen und den Pudding in die Schüssel stürzen.

7. Die aufgetauten Himbeeren mit dem Pürierstab oder im Mixer pürieren. Eventuell noch Zucker zufügen. Die Soße um den Pudding gießen.

Und so kann man den Vanillepudding verändern:

● Man kann den Pudding schaumiger machen: Das übrig gebliebene Eiweiß steif schlagen (siehe Seite 18), mit einem Schneebesen unter die heiße Puddingmasse ziehen und alles noch einmal kurz aufkochen lassen. Den Pudding erkalten lassen. Diesen Pudding kann man nicht stürzen.

Pudding kochen – so wird's gemacht:

1. Etwas Milch, Eigelb, Puddingpulver und Zucker in einer Schüssel gut verrühren.

2. Die restliche Milch aufkochen und das angerührte Puddingpulver einrühren.

3. Den Pudding in eine Form füllen und im Kühlschrank fest werden lassen.

Süß und schnell

Zwei superschnelle Sahnedesserts

Apfelschnee

Für 4 Portionen braucht man:

1 Becher Vollmilchjoghurt (150 g)

1 kleines Glas Apfelmus

150 g Schlagsahne

1 EL Schokoladenstreusel

1. Joghurt und Apfelmus in einer Rührschüssel miteinander verrühren.
2. Die Sahne mit den Quirlen des Handrührgeräts steif schlagen und unter den Apfeljoghurt ziehen.
3. Den Apfelschnee in eine Schüssel geben und die Schokostreusel darauf verteilen.

Himbeereis

Für 4 Portionen braucht man:

1 Packung tiefgekühlte Himbeeren (250–300 g)

5 EL Zucker (50 g)

200 g Schlagsahne

2 EL Krokant

1. Die Beeren mit Zucker und Sahne in eine hohe Rührschüssel geben und 10 Minuten ruhen lassen.
2. Alles mit dem Pürierstab oder im Mixer pürieren.
3. Das Himbeereis auf vier Schälchen verteilen und mit dem Krokant bestreuen.

● Auf die gleiche Weise kann man köstliches Bananeneis machen. Dafür rechtzeitig 2 bis 3 geschälte Bananen in dünne Scheiben schneiden und einfrieren. 2 Esslöffel Zucker genügen für Bananeneis: Bananen sind ziemlich süß.

Süß und cremig

Pfirsichcreme mit Mandelkeksen

Für 4 Portionen braucht man:

1 Ei

4 EL Zucker (40 g)

250 g Magerquark

250 g Mascarpone

Saft von 1 Orange

Saft von ½ Zitrone

1 große Dose Pfirsiche oder Aprikosen

½ Packung (100 g) Amaretti-Kekse

1. Das Ei trennen (siehe Seite 16). Eigelb und Eiweiß in zwei verschiedene Rührschüsseln geben.

2. Eigelb und 1 Esslöffel Zucker mit den Quirlen des Handrührgeräts schaumig rühren. Das dauert etwa 3 Minuten.

3. Quark, Mascarpone sowie den restlichen Zucker dazugeben und alles ebenfalls mit dem Handrührgerät gut miteinander verrühren.

4. Orange und die halbe Zitrone auspressen. Orangen- und Zitronensaft zur Creme geben und unterrühren.

5. Die Pfirsiche in ein Sieb abgießen, den Saft dabei auffangen. Eine Pfirsichhälfte in 8 schmale Spalten schneiden und zur Seite legen.

6. Die übrigen Pfirsichhälften in kleine Stücke schneiden und unter die Creme rühren. Die Hälfte des Pfirsichsafts ebenfalls unter die Creme rühren.

7. 6 bis 8 Amaretti-Kekse zur Seite legen. Die restlichen Amaretti-Kekse in einen Gefrierbeutel geben und mit den Händen zerbröseln. Die Brösel zu der Creme geben und unterrühren.

8. Das Eiweiß mit den Quirlen des Handrührgeräts steif schlagen (siehe Seite 18) und vorsichtig mit einem Schneebesen unter die Creme ziehen.

9. Die Pfirsichcreme mit den zurückgelegten Amaretti-Keksen und den Pfirsichspalten verzieren und für 2 Stunden in den Kühlschrank stellen.

● Wer keine Amaretti-Kekse – das sind besonders duftige, knusprige italienische Mandelmakronen – bekommt, kann stattdessen Löffelbiskuits nehmen.

● Sehr gut schmeckt die Creme auch mit Sauerkirschen aus dem Glas. Den Saft nicht mitverwenden: Er macht die Creme zu flüssig!

● Im Sommer kann man auch frische Pfirsiche nehmen. Dazu die Pfirsichhaut abziehen: Die Pfirsiche mit einem Schaumlöffel eine halbe Minute lang in kochendes Wasser legen, danach unter kaltem Wasser abschrecken. So lässt sich die Schale besser abziehen.

Käse zur Süßspeise?

Ja! Mascarpone ist ein besonders sahniger italienischer Frischkäse, den es inzwischen auch bei uns in jedem Supermarkt zu kaufen gibt. Er eignet sich hervorragend für cremige Süßspeisen.

Vanilleeis mit heißer Schokoladensoße

Süße Milchsoßen oder Pudding

macht man mit Speisestärke cremig. Das nennt man „binden". Aber nicht zu viel Stärke nehmen – für Soßen aus 1/2 Liter Flüssigkeit genügt ein gestrichener Esslöffel, für Puddings oder Cremes nimmt man 3 gestrichene Esslöffel. Wenn man einen Pudding stürzen will (die Schüssel vorher mit kaltem Wasser ausspülen, nicht abtrocknen), sollte man 4 gestrichene Esslöffel Stärke nehmen.

Für 4 Portionen braucht man:

1 Eigelb
1 gestrichenen EL Speisestärke (10 g)
1 EL Kakao
3 EL Zucker
50 g Schokolade (am besten Zartbitter- oder Blockschokolade)
1/2 l Milch
1 Packung Vanilleeis (750 ml)

1. Eigelb, Speisestärke, Kakao und Zucker mit 3 Esslöffeln von der Milch verrühren.
2. Die Schokolade in Stücke brechen oder mit einem Messer zerkleinern.
3. Die restliche Milch mit der Schokolade in einen Topf geben und alles auf mittlerer Stufe zum Kochen bringen. Dabei ständig rühren, damit nichts anbrennt!
4. Wenn die Schokoladenmilch kocht, den Topf von der Herdplatte ziehen und mit einem Schneebesen die Eigelb-Stärke-Mischung darunter rühren. Alles noch einmal kurz aufkochen lassen, dabei rühren!
5. Das Eis auf vier Teller verteilen und die heiße Schokoladensoße darüber gießen. Sofort essen!

● Die Schokoladensoße schmeckt auch gut zu Erdbeer-Eisbombe (siehe Seite 101) oder zu Vanillepudding (siehe Seite 97).

● Zu jeder Art von Eis passen auch heiße Fruchtsoßen sehr gut. Tipp: Die Himbeersoße von Seite 97 erhitzen und zu Eis reichen.

Und so wird aus Schokoladensoße Schokoladenpudding:

● Statt 1 gestrichenen Esslöffel einfach 3 Esslöffel Speisestärke mit der Milch verrühren. Dann wird aus der flüssigen Schokoladensoße ein köstlicher Pudding. Schmeckt besonders gut, wenn man 2 Esslöffel gehackte Haselnüsse darunter rührt.

— Eis —

Erdbeer-Eisbombe

Für 4 Portionen braucht man:

250 g Erdbeeren (frisch oder tiefgekühlt)

70 g Zucker

Saft von 1 Zitrone

200 g Schlagsahne

1. Frische Erdbeeren putzen: kurz waschen, die Stiele entfernen und faulige Erdbeeren aussortieren. Tiefgekühlte Erdbeeren in eine Schüssel geben, mit 2 Esslöffeln Zucker bestreuen und auftauen lassen.

2. Die Erdbeeren zusammen mit dem restlichen Zucker mit dem Pürierstab oder im Mixer pürieren.

3. Die Zitrone auspressen und den Zitronensaft zu den pürierten Erdbeeren geben.

4. Die Schlagsahne mit den Quirlen des Handrührgeräts steif schlagen.

5. Die pürierten Erdbeeren vorsichtig mit der Sahne verrühren.

6. Die Erdbeer-Sahne-Mischung in eine runde Gefrierschüssel (aus Plastik oder Metall) gießen. Die Schüssel mit einem Deckel verschließen und in das Gefrierfach oder den Gefrierschrank schieben.

7. Nach etwa 2 Stunden ist das Eis fertig. Kurz vor dem Essen die Eisschüssel in heißes Wasser tauchen und auf einen Teller stürzen.

● Dazu passt sehr gut die Schokoladensoße von Seite 100.

Und so kann man die Erdbeer-Eisbombe verändern:

● Statt Erdbeeren kann man auch andere weiche Früchte nehmen. Im Sommer eignen sich zum Beispiel sehr gut Pfirsiche, Aprikosen oder Himbeeren.

● Man kann die Eisbombe verzieren: zum Beispiel mit Schokoladenstreuseln, Früchten oder Schlagsahne.

Christophs Trick

Wer keine runde Gefrierschüssel hat, kann auch jede andere Plastik- oder Metallschüssel in der passenden Größe (nicht zu groß!) nehmen. Sehr gut eignet sich zum Beispiel eine Kuchen-Kastenform. Wenn kein Deckel da ist: Die Schüssel oder Form mit Frischhaltefolie verschließen.

Fruchtiges

Rote Grütze mit Schaumsahne

Eigentlich

wird Rote Grütze aus den roten Früchten gemacht, die im Hochsommer reif sind: zum Beispiel aus Johannisbeeren, Himbeeren und Kirschen. Tiefgekühlte Beeren sind jedoch eine gute Alternative, so dass man Rote Grütze zu jeder Jahreszeit genießen kann.

Für 4 Portionen braucht man:

1 Packung tiefgekühlte gemischte Waldbeeren (250–300 g)
1 Glas Sauerkirschen
75 g Zucker
3 EL Speisestärke (30 g)
4 EL Wasser
200 g Schlagsahne
1 Päckchen Vanillezucker

1. Die Waldbeeren, die Sauerkirschen mit Saft sowie den Zucker in einen nicht zu kleinen Topf geben und alles auf höchster Stufe zum Kochen bringen. Auf mittlere Stufe herunterschalten und die Mischung einige Minuten köcheln lassen.

2. Die Speisestärke mit kaltem Wasser in einer Tasse gut verrühren, so dass keine Klümpchen mehr zu sehen sind, und zu der heißen Fruchtmischung geben. Alles noch einmal zum Kochen bringen und drei Minuten köcheln lassen, dabei umrühren. Aufpassen: Rote Grütze kocht leicht über!

3. Die Rote Grütze in eine Schüssel füllen und abkühlen lassen.

4. Die Sahne in eine Rührschüssel geben, den Vanillezucker hinzufügen und alles mit einem Schneebesen so lange schlagen, bis die Sahne schaumig ist. Die Schaumsahne in eine Kanne geben und zu der Roten Grütze reichen.

● Rote Grütze schmeckt auch sehr gut mit kalter Milch, Vanillesoße (aus Soßenpulver, siehe Seite 105, oder selbst gemacht, siehe Seite 18) oder Vanilleeis.

Fruchtiges

Obstsalat mit Schokoraspeln

Für 4 Portionen braucht man:

2 kleine Äpfel

½ Zitrone

2 Orangen

2 Bananen

2 reife Kiwis

1 EL Zucker

2 EL gehackte Haselnüsse

50 g Schokolade (am besten Zartbitter- oder Blockschokolade)

1. Die Äpfel vierteln, das Kerngehäuse entfernen (siehe Seite 56) und die Viertel mit einem Kartoffelschäler schälen. Die Apfelviertel quer in dünne Scheiben schneiden und in die Schüssel für den Obstsalat geben.

2. Eine halbe Zitrone auspressen. Den Saft sofort über die Apfelscheiben geben und beides gut vermischen.

3. Eine Orange schälen und halbieren. Die Orangenhälften nacheinander mit der Schnittfläche auf ein Küchenbrett legen und quer in dünne Scheiben schneiden. Die Orangenscheiben in die Schüssel geben.

4. Die Bananen schälen, die Enden abschneiden. Bananen in nicht zu dicke Scheiben schneiden und rasch mit dem anderen Obst vermischen.

5. Die Kiwis dick mit einem Messer schälen, beide Enden abschneiden. Die Kiwis in dünne Scheiben schneiden. Zum Obstsalat geben.

6. Die zweite Orange auspressen. Den Saft über den Obstsalat geben.

7. Den Obstsalat mit 1 Esslöffel Zucker bestreuen, die Haselnüsse dazugeben und alles vermischen.

8. Die Schokolade auf der groben Seite einer Küchenreibe raspeln und ebenfalls unter den Salat mischen.

• Im Sommer schmeckt Obstsalat gut mit Pfirsichen, Aprikosen oder Beeren, im Herbst mit Weintrauben.

• Zu Obstsalat schmeckt Sahne, gesüßt mit Vanillezucker, in jeder Form: flüssig, als Schaumsahne (siehe Seite 102) oder als Schlagsahne.

Christophs Trick

Äpfel und Bananen, Pilze und Avocados, Pfirsiche und Kartoffeln werden an den Schnittflächen braun, sobald man sie aufschneidet. Schuld daran ist der Sauerstoff in der Luft, der diese so genannte „oxidative Bräunung" verursacht – vergleichbar etwa mit rostendem Metall. Gegen das Oxidieren hilft unter anderem das saure Vitamin C, reichlich vorhanden zum Beispiel in Zitronen und Orangen. Deshalb: Für Obstsalat aufgeschnittene Äpfel und Bananen immer mit Zitronensaft beträufeln oder frisch gepressten Orangensaft darüber gießen. Dann werden sie nicht braun.

Süß und fruchtig aus dem Backofen

Gebackene Bananen mit Krokant

Für Zimtzucker

nicht zu viel Zimt nehmen: Auf 1 Esslöffel Zucker höchstens 1/4 Teelöffel Zimtpulver. Zimt enthält nämlich ein so genanntes ätherisches Öl – das Zimtöl –, das dem Zimt seinen aromatischen, aber auch ein wenig scharfen Geschmack verleiht. Zimt wird übrigens aus den abgeschälten Innenrinden von Zimtbäumen gewonnen. Die dünnen Rindenstücke rollen sich zusammen, werden ineinander gesteckt und getrocknet. Für Zimtpulver werden die Zimtstangen gemahlen.

Für 4 Portionen braucht man:

1 Orange
2 EL Rosinen
2 TL Butter
4 Bananen
1 EL Zimtzucker
4 TL Krokant

1. Die Orange auspressen.
2. Die Rosinen mit 1/2 Tasse des Orangensafts begießen und mindestens 15 Minuten einweichen. Den Backofen auf 200 Grad vorheizen.
3. Etwas Butter auf ein Stück Pergamentpapier geben und eine Auflaufform damit einfetten.
4. Die Bananen schälen, längs halbieren, in die Auflaufform geben und sofort mit dem restlichen Orangensaft beträufeln, damit sie nicht braun werden.
5. Die Rosinen mit dem Zimtzucker vermischen und über die Bananen streuen.
6. Die restliche Butter in Flöckchen auf den Bananen verteilen.
7. Die Bananen in der Form (mit Topfhandschuhen!) auf der mittleren Schiene in den Backofen schieben und 10 bis 12 Minuten backen.
8. Die gebackenen Bananen (mit Topfhandschuhen!) aus dem Backofen holen. Jede Banane mit 1 Teelöffel Krokant bestreuen.

● Zu gebackenen Bananen passt gut Vanilleeis.

Süß und fruchtig aus dem Backofen

Bratäpfel mit Vanillesoße

Für 4 Portionen braucht man:

2 EL Rosinen

1 Tasse Apfelsaft

4 große säuerliche Äpfel (am besten Boskoop oder Cox Orange)

2 TL Butter

2 EL geriebene Walnüsse oder Haselnüsse

2 EL Zimtzucker

Für die Vanillesoße:

1 Päckchen Vanillesoßenpulver

½ l Milch

2 gestrichene EL Zucker

1. Die Rosinen mit ½ Tasse Apfelsaft begießen und mindestens 15 Minuten einweichen.

2. Den Backofen auf 200 Grad vorheizen. Die Äpfel waschen und mit einem Apfelausstecher das Kerngehäuse ausstechen (siehe Seite 56).

3. Etwas Butter auf ein Stück Pergamentpapier geben und eine Auflaufform damit einfetten. Die Äpfel in die Auflaufform setzen.

4. Eingeweichte Rosinen, Nüsse und Zimtzucker vermischen. Die Mischung mit einem kleinen Löffel in die Äpfel füllen, den Rest in der Auflaufform verteilen.

5. Die restliche Butter in Flöckchen auf den Äpfeln verteilen.

6. Die Bratäpfel (mit Topfhandschuhen!) auf der mittleren Schiene in den Backofen schieben und 20 bis 30 Minuten lang backen, bis sie so weich sind, dass man mit einer Gabel leicht hineinpiken kann. Nach 10 Minuten den restlichen Apfelsaft in die Auflaufform gießen.

7. Für die Vanillesoße das Soßenpulver und den Zucker mit 3 Esslöffeln von der Milch verrühren.

8. Einen kleinen Topf mit Wasser ausspülen (nicht abtrocknen!), damit die Milch nicht anbrennt. Die restliche Milch hineingeben und auf mittlerer Stufe zum Kochen bringen. Dabei ab und zu umrühren.

9. Wenn die Milch kocht, den Topf vom Herd ziehen und das angerührte Soßenpulver hineingeben.

10. Wieder auf die Herdplatte stellen und alles unter ständigem Rühren noch einmal aufkochen lassen.

11. Die Vanillesoße abkühlen lassen. Dabei ab und zu umrühren, dann bekommt sie keine Haut.

12. Je einen fertigen Bratapfel auf einen tiefen Teller geben und Vanillesoße drum herum gießen.

Land der Apfelesser

Neun von zehn Deutschen haben den Apfel zu ihrem Lieblingsobst erklärt. Und das ist auch gut so, denn Äpfel enthalten unter anderem ziemlich viel Vitamin C – je saurer, desto mehr. Boskoop oder Cox Orange gehören zu diesen Vitamin-C-reichen Äpfeln. Sie haben außerdem sehr festes Fruchtfleisch, das beim Kochen nicht so leicht zerfällt. Deshalb eignen sie sich besonders gut für Bratäpfel.

Schoko-Früchte

Schoko-Frucht-Spieße

Kuvertüre schmelzen – so wird's gemacht:

1. Die Kuvertüre mit einem Messer grob zerkleinern und zwei Drittel davon in eine kleine Metallschüssel füllen.

2. Die kleine Schüssel in einen halb mit heißem Wasser gefüllten Topf setzen.

3. Die Kuvertüre auf kleinster Stufe im Wasserbad auflösen, dabei immer wieder mit dem Gummischaber umrühren.

4. Die Metallschüssel aus dem Wasserbad nehmen, die restliche Kuvertüre dazugeben und rühren, bis sie aufgelöst ist.

Für 5 Spieße braucht man:

2 Mandarinen

1 Orange

2 Kiwis

1 Banane

etwas Zitronensaft

½ Apfel

½ Birne

100 g Vollmilch-Kuvertüre

100 g weiße Kuvertüre

5 Schaschlikspieße

1. Mandarinen und Orange schälen, zerteilen und auf einen Teller legen.

2. Die Kiwis schälen und die Enden abschneiden. Kiwis in dicke Scheiben schneiden. Auf den Teller legen.

3. Die Banane schälen und die Enden abschneiden. Die Banane in dicke Scheiben schneiden. Auf den Teller legen. Mit Zitronensaft beträufeln, dann werden sie nicht braun.

4. Apfel- und Birnenhälften vierteln und das Kerngehäuse entfernen (siehe Seite 56). Die Viertel schälen, in 4 Spalten teilen, die Spalten quer halbieren. Die Stücke auf den Teller legen und mit Zitronensaft beträufeln.

5. Die Fruchtstücke nacheinander auf die Schaschlikspieße spießen. Die Spieße auf ein Stück Alufolie oder Pergamentpapier legen.

6. Die Vollmilch-Kuvertüre im Wasserbad auflösen (siehe links). Über jeden Fruchtspieß 2 Teelöffel der Vollmilch-Kuvertüre träufeln.

7. Die weiße Kuvertüre ebenfalls im Wasserbad auflösen (siehe links). Über jeden Fruchtspieß 2 Teelöffel der weißen Kuvertüre träufeln. Übrig gebliebene Fruchtstücke mit Schokolade beträufeln und um die Schoko-Frucht-Spieße herumlegen.

8. Wenn die Schokolade hart ist, die Spieße auf einen Teller legen und bis zum Essen mit Frischhaltefolie zudecken. So bleiben die Früchte frisch und saftig.

● Natürlich kann man auch andere Früchte nehmen: im Sommer zum Beispiel Erdbeeren oder Nektarinen, im Herbst Weintrauben.

Bonbons selbst gemacht

Sahnig-weiche Karamellbonbons

Für 4 Portionen braucht man:

2 TL Sonnenblumenöl

500 g Sahne

500 g Zucker

4 Tropfen Backaroma Vanille

1. Eine große, flache Porzellanplatte mit Öl einfetten (das geht am besten mit einem Backpinsel).

2. Sahne, Zucker und Vanille-Aroma in einem großen Topf verrühren. Wichtig: Der Topf sollte mindestens 3 Liter fassen, da die Masse spritzen kann. Außerdem sollte er einen extrem dicken und schweren Boden haben.

3. Die Mischung auf mittlerer Stufe zum Kochen bringen.

4. Die Temperatur herunterschalten, so dass die Sahne-Zucker-Mischung noch gut köchelt. Aufpassen: Bei einem Elektroherd dauert es eine Weile, bis sich die Temperatur reguliert hat. So lange kocht die Masse leicht über!

5. Jetzt braucht man Geduld: Die Mischung so lange einkochen lassen, bis sie dick wird, dabei immer wieder mit einem Kochlöffel umrühren! Das kann eine halbe Stunde und länger dauern! Je dicker die Masse wird, desto mehr muß man rühren, zum Schluss am besten ständig.

6. Wenn die Mischung im Topf außerdem hellbraun wird (wie Sahnebonbons), den Topf von der Herdplatte ziehen.

7. Die Bonbonmasse auf die Porzellanplatte gießen und abkühlen lassen, bis sie noch handwarm ist.

8. Mit einem Messer die Bonbonmasse in 2 x 2 Zentimeter große Würfel schneiden. Die Würfel ganz erkalten lassen.

● Man kann die Karamellbonbons einzeln in Zellophanpapier einwickeln. Dann eignen sie sich prima zum Verschenken!

Rezepte

Eier

Arme Ritter	17
Eier, gefüllte	11
Eier, harte	11
Eier im Glas	11
Eier, weiche	11
Ham and eggs	13
Kaiserschmarrn	16
Pfannkuchen	14–15
Pfannkuchen-Torte	15
Rührei	12
Schaum-Omelett, süßes	19
Schnee-Eier mit echter Vanillesoße	18
Spiegelei	13
Strammer Max	13

Kartoffeln

Bananen-Curry-Quark	33
Bauernfrühstück	27
Bratkartoffeln	25
Folienkartoffeln	30, 32–33
Kartoffelbrei	34
Kartoffelbrei, grüner	35
Kartoffelbrei, orangefarbener	35
Kartoffelbrei, roter	35
Kartoffelklößchen, süße, mit Zimtzucker	37
Kartoffelpizza	26
Kartoffelpuffer	29
Kartoffelsalat	36
Kräuterbutter	32
Kräuter-Joghurt-Mayonnaise	32
Pellkartoffeln mit Quark	24
Pommes frites	31
Quark zu Pellkartoffeln	24
Schweizer Rösti	28
Tomatenquark	33

Nudeln

Blitzsoße, rosa	57
Käse-Sahnesoße	47
Kräuter-Sahnesoße	47
Makkaroni mit schneller Tomatensoße	43
Nudelauflauf	50–51
Nudelauflauf, süßer, mit Äpfeln	56
Nudelsalat mit Tomaten und Mozzarella	52
Nudelsuppe, schnelle	54
Rigatoni mit italienischer Tomatensoße	44
Sahnesoße	46
Sahnesoße mit Schinken und Erbsen	47
Sauce Bolognese	45
Schinkennudeln	49
Schmetterlingssalat	53
Spaghetti Carbonara	48
Spaghetti mit Butter und Parmesan	42
Spaghetti mit rosa Blitzsoße	57
Tagliatelle mit Sauce Bolognese	45
Tomatensoße, italienische	44
Tomatensoße, schnelle	43
Tomatensuppe mit Tortellini	55
Tortellini mit Sahnesoße mit Erbsen und Schinken	46–47
Zitronen-Sahnesoße	47

Gemüse

Avocadocreme	63
Blumenkohl, überbackener	68
Dips	63
Gemüse aus der Hand	62
Gemüse, gefülltes	70–71
Gemüseblech, buntes	69
Gemüse-Hühner-Spieße	73
Gurkensalat mit Fleischwurst und Käse	65
Joghurtsoße	67
Kräuterfrischkäse mit Joghurt	63
Nudel-Gemüse-Eintopf mit Würstchen	72
Paprikaschoten, gefüllte	70
Salat, gemischter	66
Salate	67
Tomatensalat mit Rucola	64
Tomaten-Schnittlauchquark	63

Pizza, Hamburger & Sandwiches

Cheeseburger	85
Erdnussbutter-Bananen-Sandwich	82
Fischburger	85
Fladenbrot, mit Hähnchen gefülltes	90
Hähnchen-Avocadocreme-Sandwich	81
Hamburger	84
Honig-Apfel-Zimt-Sandwich	82
Hotdogs	86
Hawaiitoast	83
Knoblauch-Baguettes	88
Lagerfeuer-Brot	91
Mozzarella-Tomaten-Baguette, warmes	89
Pizza Calzone	79
Pizza Capricciosa	79
Pizza Fantasia	79
Pizza Margherita	78
Pizza Prosciutto	79
Pizza Quattro Stagioni	79
Pizza Regina	79
Pizza Salami	79
Pizzataschen	79
Pizza Tonno	79
Sandwiches	80–81
Sandwiches, süße	82
Schinken-Käse-Brötchen, gefülltes	87
Schinken-Käse-Sandwich	80
Schokoladen-Kiwi-Sandwich	82
Spaßburger	85
Thunfisch-Tomaten-Sandwich	80

Süßes

Apfelschnee	98
Bananen, gebackene, mit Krokant	104
Bratäpfel mit Vanillesoße	105
Erdbeer-Eisbombe	101
Himbeereis	98
Karamellbonbons, sahnig-weiche	107
Obstsalat mit Schokoraspeln	103
Pfirsichcreme mit Mandelkeksen	99
Rote Grütze mit Schaumsahne	102
Sahnedesserts, superschnelle	98
Schoko-Frucht-Spieße	106
Schokoladenpudding	100
Schokoladenschaum	96
Vanilleeis mit heißer Schokoladensoße	100
Vanillepudding mit Himbeersoße	97
Zimtzucker	104

Alphabetisches Rezeptregister

A
Apfelschnee	98
Arme Ritter	17
Avocadocreme	63

B
Baguette, warmes, mit Mozzarella und Tomaten	89
Baguettes mit Knoblauch	88
Bananen, gebackene, mit Krokant	104
Bananen-Curry-Quark	33
Bandnudeln mit Sauce Bolognese	45
Bauernfrühstück	27
Blitzsoße, rosa	57
Blumenkohl, überbackener, mit Käsesoße	68
Bratäpfel mit Vanillesoße	105
Bratkartoffeln	25
Brühe	54
Buntes Gemüseblech	69

C
Cheeseburger	85

D
Dips	63

E
Eier, gefüllte	11
Eier, harte	11
Eier im Glas	11
Eier, weiche	11
Erdbeer-Eisbombe	101
Erdnussbutter-Bananen-Sandwich	82
Essig-Öl-Marinade	52

F
Fischburger	85
Fladenbrot, mit Hähnchen gefülltes	90
Fleischbrühe	54
Folienkartoffeln	30, 32–33

G
Gebackene Bananen mit Krokant	104
Gefüllte Eier	11
Gefüllte Gurken	71
Gefüllte Paprikaschoten	70
Gefüllte Tomaten	71
Gefüllte Zucchini	71
Gefülltes Fladenbrot mit Hähnchen	90
Gefülltes Gemüse	70–71
Gefülltes Schinken-Käse-Brötchen	87
Gemischter Salat	66–67
Gemüse aus der Hand	62
Gemüse, gefülltes	70–71
Gemüseblech, buntes	69
Gemüsebrühe	54
Gemüse-Hühner-Spieße	73
Grüner Kartoffelbrei	35
Gurken, gefüllte	71
Gurkensalat mit Fleischwurst und Käse	65

H
Hähnchen-Avocadocreme-Sandwich	81
Ham and eggs (Spiegelei mit Schinken)	13
Hamburger	84
Harte Eier	11
Hawaiitoast	83
Himbeereis	98
Himbeersoße	97
Honig-Apfel-Zimt-Sandwich	82
Hotdogs	86

I
Italienische Tomatensoße	44

J
Joghurtsoße	67

K
Käse-Sahnesoße	47
Kaiserschmarrn	16
Karamellbonbons, sahnig-weiche	107
Kartoffelbrei	34
Kartoffelbrei, grüner	35
Kartoffelbrei, orangefarbener	35
Kartoffelbrei, roter	35
Kartoffelklößchen, süße, mit Zimtzucker	37
Kartoffelpizza	26
Kartoffelpuffer	29
Kartoffelsalat	36
Knoblauch-Baguettes	88
Kräuterbutter	32
Kräuterfrischkäse mit Joghurt	63
Kräuter-Joghurt-Mayonnaise	32
Kräuter-Sahnesoße	47

L
Lagerfeuer-Brot	91

M
Makkaroni mit schneller Tomatensoße	43
Mozzarella-Tomaten-Baguette, warmes	89

N
Nudelauflauf	50–51
Nudelauflauf, süßer, mit Äpfeln	56
Nudel-Gemüse-Eintopf mit Würstchen	72
Nudelsalat mit Tomaten und Mozzarella	52
Nudelsuppe, schnelle	54

O
Obstsalat mit Schokoraspeln	103
Orangefarbener Kartoffelbrei	35

P
Paprikaschoten, gefüllte	70
Pellkartoffeln mit Quark	24
Penne mit italienischer Tomatensoße	44
Pfannkuchen	14–15
Pfirsichcreme mit Mandelkeksen	99
Pizza Calzone	79
Pizza Capricciosa	79
Pizza Fantasia	79
Pizza Margherita	78
Pizza Prosciutto	79
Pizza Quattro Stagioni	79
Pizza Regina	79
Pizza Salami	79
Pizza Tonno	79
Pommes frites aus dem Backofen	31

Alphabetisches Rezeptregister

R
Rigatoni mit italienischer Tomatensoße	44
Rosa Blitzsoße	57
Rote Grütze mit Schaumsahne	102
Roter Kartoffelbrei	35
Rührei	12

S
Sahnedesserts, superschnelle	98
Sahnesoße	46
Sahnesoße mit Schinken und Erbsen	47
Sahnig-weiche Karamellbonbons	107
Salat, gemischter	66
Salate	67
Sandwiches	80–81
Sandwiches, süße	82
Sauce Bolognese	45
Schaum-Omelett, süßes	19
Schinken-Käse-Brötchen, gefülltes	87
Schinken-Käse-Sandwich	80
Schinkennudeln	49
Schmetterlingssalat	53
Schnee-Eier mit echter Vanillesoße	18
Schnelle Nudelsuppe	54
Schnelle Tomatensoße	43
Schoko-Frucht-Spieße	106
Schokoladen-Kiwi-Sandwich	82
Schokoladenpudding	100
Schokoladenschaum	96
Schokoladensoße	100
Schweizer Rösti	28
Spaghetti Carbonara	48
Spaghetti mit Butter und Parmesan	42
Spaghetti mit rosa Blitzsoße	57
Spaßburger	85
Spiegelei	13
Strammer Max	13
Süße Kartoffelklößchen mit Zimtzucker	37
Süße Sandwiches	82
Süßer Nudelauflauf mit Äpfeln	56
Süßes Schaum-Omelett	19
Superschnelle Sahnedesserts	98

T
Tagliatelle mit Sauce Bolognese	45
Thunfisch-Tomaten-Sandwich	80
Tomaten, gefüllte	71
Tomatenquark	33
Tomatensalat mit Rucola	64
Tomaten-Schnittlauchquark	63
Tomatensoße, italienische	44
Tomatensoße, schnelle	43
Tomatensuppe mit Tortellini	55
Tortellini mit Sahnesoße mit Schinken und Erbsen	46–47

U
Überbackener Blumenkohl mit Käsesoße	68

V
Vanilleeis mit heißer Schokoladensoße	100
Vanillepudding mit Himbeersoße	97
Vanillesoße	105
Vanillesoße, echte	18

W
Warmes Mozzarella-Tomaten-Baguette	89
Weiche Eier	11

Z
Zimtzucker	104
Zitronen-Sahnesoße	47
Zucchini, gefüllte	71

So wird's gemacht:
Äpfel entkernen	56
Blumenkohl vorbereiten	61
Bratkartoffeln	25
Brühe	54
Eier trennen	16
Eischnee	18
Essig-Öl-Marinade	52
Frikadellen braten	84
Kartoffelbrei	35
Kartoffelsalat	36
Knoblauch zerkleinern	55
Kuvertüre schmelzen	106
Möhren vorbereiten	61
Nudeln kochen	41
Paprika füllen	70
Paprikaschoten vorbereiten	61
Pfannkuchen	14
Pizzateig	78
Pommes schneiden	31
Pudding kochen	97
Rührei	12
Salat putzen	66
Schinkenwürfel	50
Schnittlauchröllchen	63
Schweizer Rösti	28
Speck auslassen	48
Tomaten vorbereiten	61
Tomatensoße	44
Zwiebelringe	27
Zwiebelwürfel	46

Basteltipps
Buchstabenschachtel	40
Eier ausblasen	10
Hamburger-Magnet	76
Hexenhäuschen	94
Kartoffeldruck	22
Kürbis aushöhlen	60

Bildnachweis:

Le Creuset: S. 6 o r; IFA-Bilderteam/Trostel: S. 6 u r; Stock Food/Bischof: S. 6 o l; Stock Food/Brauner: S. 28 l, 48 o l, 56 o l, 61 o r, 63; Stock Food/Eising: S. 14 l, 16 l, 18 l, 22, 25 (alle Fotos), 27 r, 31 r, 35, 36 (alle Fotos), 40, 41, 44 l, 46 l, 48 u l, 50 l, 52 l, 54 l, 55 r, 56 l u, 61 (9), 66 l, 70 (alle Fotos), 84 l, 97 r; Stock Food/Köb: S. 94; Stock Food/Pudenz: S. 6 o M + u l; Stock Food/Stock LTD: S. 60, 76; Stock Food/Zabert Sandmann/Teubner: S. 78; Stock Food/Zabert Sandmann: S. 6 u M, 12 l, 34 o r + u, 61 u l + u M, 106 l. Alle anderen Fotos: Karl Newedel.

--- Impressum ---

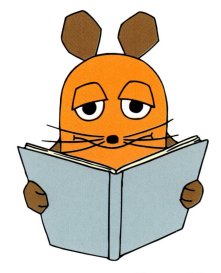

© Verlag Zabert Sandmann GmbH
München
3. Auflage 1999
ISBN 3-932023-19-6

Texte und Rezepte	Sophie von Lenthe
Redaktion	Martina Solter
Redaktionelle Mitarbeit	Alexander Arnz, Christoph Biemann, Siegmund Grewenig, Armin Maiwald, Hilde Müller, Jochen A. Rotthaus, Dieter Saldecki
Grafische Gestaltung	Georg Feigl Zero, München Thomas Frey (BSM-Design)
Zeichnungen	BAVARIA SONOR Oliver Sütterlin
Foodfotografie	Karl Newedel
Herstellung	Karin Mayer, Peter Karg-Cordes
Lithografie	inteca Media Service GmbH, Rosenheim
Druck/Bindung	Mohndruck, Gütersloh

© I. Schmitt-Menzel/Friedrich Streich/WWF
Die Sendung mit der Maus® WDR
Lizenz: BAVARIA SONOR, Bavariafilmplatz 8,
82031 Geiselgasteig

Besucht uns auch im Internet
unter der Adresse www.zsverlag.de